Gestrickte Handspielpuppen

Das kleine Gespenst, die kleine Hexe, Muhme Rumpumpel, der Räuber Hotzenplotz – alles Figuren aus den Büchern Otfried Preußlers – sind Märchengestalten, die ihren festen Platz in der Phantasiewelt der meisten kleinen Leseratten auf der ganzen Welt gefunden haben.

Als Gutenachtgeschichten sind diese Bücher mit ihren liebenswerten Helden Standardwerke für viele Mütter und Väter, die sich noch jeden Abend die Zeit nehmen, ihren Kindern eine spannende Geschichte vorzulesen. Auch meine Kinder waren nach wenigen Kapiteln so begeistert, daß sie sich Puppen von ihren Lieblingen aus den Gutenachtgeschichten wünschten. Schnell waren ein paar „normale" Puppen zusammengestrickt; doch führte diese „Bauart" schnell in eine Sackgasse der Variationsmöglichkeiten. So machte ich den Schritt zu den Handpuppen.

Die Erlebnisse der kleinen Hexe wurden alsbald im Kinderzimmer recht lautstark nachgespielt.

Jede neue Puppe erhöhte den Spielwert der bereits vorhandenen.

Natürlich dienten nicht lange die Bücher nur eines Autors als Vorlage für meine Handpuppen.

Inzwischen sind es wohl mehr als 160 verschiedene Puppen geworden, die ihr Vorbild in den Märchen- und Sagenbüchern aus aller Herren Länder finden.

Einen Teil dieser Entwürfe möchte ich nun an Sie weitergeben. Ich habe Modelle ausgewählt, die sich ohne viel Mühe variieren lassen.

Sie werden beim Durchblättern des Buches bemerkt haben, daß immer zwei ähnliche Puppen zusammen abgebildet sind. Die Unterschiede liegen oft nur in der Wahl der Farben und in der Gestaltung des Gesichtsausdruckes. Es ist verblüffend, wie schon ein anderes Augenpaar die Puppe völlig verändert, wie ein lächelnder Mund das Gesicht freundlich macht.

Seien Sie – liebe Leserin und lieber Leser – bitte nicht enttäuscht, wenn die erste Puppe nicht so gelingt wie das abgebildete Vorbild. Auf ihre Art wird auch Ihre erste Puppe schön sein. Schon bei der nächsten Puppe wird es besser gehen. Sicherlich werden Ihnen dann Ideen zu eigenen neuen Entwürfen kommen und ich hoffe, daß Sie viel Freude daran haben werden.

Ein kleiner Tip:

Beim Durchblättern dieses Buches finden Sie die unterschiedlichsten Handpuppen. Zu jeder Puppe gehört eine Arbeitsanleitung mit Angabe des benötigten Materials. Auf besondere Verarbeitung wird jeweils hingewiesen. Damit das Werk jedoch richtig gelingt, lesen Sie bitte zunächst die Hinweise für alle Puppen auf den nun folgenden Seiten.

Material und Werkzeug:

- Dünnes Alpaca-Garn in der jeweils angegebenen Farbe
- Stopfwolle
- eventuell Glöckchen (für den Kasper)
- 2 Stricknadeln Nr. 2,5 (3)
- 2 Stricknadeln Nr. 5 (5,5)
- 1 Häkelnadel Nr. 2,5
- 1 Sticknadel mit Spitze (zum Sticken)

- 1 Sticknadel ohne Spitze (zum Zusammennähen)
- 1 Päckchen 5 cm lange Stahlnadeln mit Kunststoffkopf (Lockenwicklernadeln); bitte *keine Stecknadeln* verwenden
- 1 Strickliesel

Im übrigen lassen sich alle Strickteile auf den handelsüblichen Handstrickapparaten herstellen. Bei dem dünnen Garn bedeutet das eine enorme Arbeitserleichterung.

Welches Garn?
Die in diesem Buch beschriebenen Puppen sind – mit Ausnahme der Schneekönigin – alle aus 100% Alpaca-Wolle hergestellt. Dieses Garn gibt es im Handel unter den Bezeichnungen:

- Alpaquita-Super-fina
- Alpaca-Linda und
- Sierra-Alpaca

Die Farbnummern der Naturfarbtöne stimmen bei allen drei Firmen überein. Es gibt Alpaca-Garn in zwei verschiedenen Stärken. Für die Puppen ist das dünne Garn geeigneter. Das Maschenbild ist feiner, das Garn durch die enorme Lauflänge ergiebiger.

Ich habe folgende Farben verwandt:
Nr. 20 Creme
Nr. 60 Beige
Nr. 63 Graubeige
Nr. 85 Graubraun
Nr. 80 Hellbraun
Nr. 30 Dunkelbraun
Nr. 90 Schwarzbraun
Nr. 35 Schwarz
Nr. 40 Hellgrau
Nr. 43 Dunkelgrau
Mir persönlich gefallen die Puppen in den oben genannten Naturfarben am besten.
Um die Puppe als reines Naturprodukt zu belassen, habe ich den Farbton Nr. 20 Creme mit der Pflanzenfarbe „*Krapp*" färben lassen; das ergibt einen Rostfarbton, der für die Bäckchen und Münder verwendet wird, aber auch, um etwas Farbe an einige Puppen zu bringen. Noch mehr Farbe halte ich nicht für unbedingt notwendig. Ich habe die Erfahrung gemacht, daß es eher die Erwachsenen sind – nicht die Kinder –, die sich lebhaftere Farben für die Puppen wünschen.
Sollten Sie bunte Puppen bevorzugen: Es gibt im Handel wunderschöne *Alpaca-Wolle* in Farbtönen die den Pflanzenfarben entsprechen (Schewe: Georges Picaud).
Selbstverständlich können Sie auch jedes andere Garn verwenden, wenn die angegebene Nadelstärke übereinstimmt. Geringe Abweichungen in der Größe des fertigen Stückes werden sich kaum unvorteilhaft auswirken.

Zur Garnmenge:
Für das kleine Gespenst auf Seite 15 brauchen Sie 50 g Nr. 20 Creme. Für das Gesicht genügen einige Fäden der Nr. 60 Beige und Nr. 90 Schwarzbraun.
Bei allen anderen Puppen ist jeweils nur ein Garnrest erforderlich. Es sind ca. 12 g Alpaca-Wolle ausreichend für den Puppenkopf und ca. 30 g genügen für den Puppenkörper.

Füllstoff:
Zum Ausstopfen der Puppenköpfe habe ich gekämmte Schafwolle (Krempelwolle) verwandt. Durch die Längsfaser dieser Wolle wird vermieden, daß die Puppe nach einiger Zeit die Form verliert. Sie bekommen die Schafwolle in gutgeführten Bastelgeschäften.

Sie erhalten mit diesem Material äußerst strapazierfähige Puppen. Sie können die Puppen von Hand waschen (bitte nicht wringen; und nicht in der Waschmaschine schleudern). Die Puppen sind für große und kleine Kinder geeignet; als Kasper-Puppen oder auch einfach zum Schmusen und Liebhaben.

Anfertigen des Puppenrohlings

Der Puppenrohling besteht aus vier Grundteilen.

- Teil 1: Kopf und Körper
- Teil 2 und 3: Arme
- Teil 4: Fingerling

Bei allen Puppen sind Maschen- und Reihenzahl der Grundteile gleich. Doch schon durch unterschiedliche Farben läßt sich der Rohling in unzähligen Variationen herstellen.
Um die einzelnen Anleitungen übersichtlich zu gestalten, aber auch um die Fertigung der Grundteile nicht endlos zu wiederholen, habe ich sie bei den Einzelanleitungen schematisch dargestellt. So können Sie Farbfolge, Maschen- und Reihenzahl auf einen Blick erkennen, wenn Sie sich mit dem Schema und der dazu gehörenden Erklärung ein wenig vertraut gemacht haben.

Stricken der Puppengrundteile

Grundmuster: Glatt rechts (Hinreihe rechts, Rückreihe links).

Teil 1: Kopf und Körper (siehe Schema)
66 Maschen mit Nadel Nr. 2,5 (3) anschlagen und in Hin- und Rückreihen zunächst für den Saum 6 Reihen im Grundmuster stricken. Die 7. Reihe mit Nadel Nr. 5 (5,5) abstricken (Saumumbruch). Danach verwenden Sie weiter Nadel Nr. 2,5 (3). Arbeiten Sie bis zur 57. Reihe weiter im Grundmuster gerade hoch in der angegebenen Farbfolge. Nun stricken Sie Vorderteil und Rückenteile getrennt weiter.
Zunächst stricken Sie über 19 Maschen in Hin- und Rückreihen 20 Reihen ab. Danach stricken Sie für das Vorderteil die mittleren 28 Maschen ebenfalls 20 Reihen gerade hoch. Nun stricken Sie für das andere Rükkenteil ebenfalls 19 Maschen 20 Reihen weiter. Alle drei Teile haben nun die gleiche Länge. Die nächsten 6 Reihen arbeiten Sie wieder über alle 66 Maschen (Sie haben nun insgesamt 78 Reihen). In der 79. Reihe für

das Kopfteil jeweils die 2. und 3.; die 19. und 20.; die 47. und 48.; und die 64. und 65. Masche zusammenstricken. Die verbleibenden 62 Maschen noch weitere 35 Reihen im Grundmuster stricken. Ziehen Sie durch die offenen Maschen einen Faden (nicht abketten). Das gestrickte Teil sollte etwa 28 cm lang sein.

Teil 2 und 3: Arme

Für die Arme beginnen Sie mit 22 Maschen in der entsprechenden Farbe mit Nadel Nr. 2,5 (3). Stricken Sie 10 Reihen für den Ärmel in der angegebenen Farbe, dann arbeiten Sie 10 Reihen in der Farbe, die für die Hände vorgesehen ist. Danach ziehen Sie den Faden durch die offenen Maschen.

Teil 4: Fingerling
Dieses Teil wird in den Kopf eingenäht. Sie halten und bewegen damit beim Spielen den Kopf der Puppe.
Für den Fingerling beginnen Sie mit 18 Maschen. Beenden Sie das Teil nach 32 Reihen; ziehen Sie den Faden durch die offenen Maschen.

Zusammennähen des Puppenrohlings

Ziehen Sie jeweils bei allen 4 Teilen die offenen Maschen mit dem Faden fest zusammen. Schließen Sie die Seitennaht. Säumen Sie Teil 1. Anschließend setzen Sie die beiden Arme ein.

Ausstopfen des Kopfes

Die von mir verwendete Krempelwolle hat eine Lagenbreite von ca. 10 cm. Um den Fingerling genau in der Mitte des Kopfes zu plazieren, wird die Füllung in 4 Büscheln gestopft.

- Reißen Sie 8 bis 10 handbreite Stücke von der Lage ab und legen Sie sie zusammen am Hinterkopf ein. Die Wolle liegt bis auf „halbe Armhöhe“ in dem Rohling.
- Stopfen Sie ein gleichgroßes Stück flach darüber. Das untere Stück darf sich dabei nicht verschieben.
- Nun reißen Sie ein handbreites Stück ab und stopfen die eine Hälfte davon so seitlich zwischen die beiden anderen Stücke, daß die Mitte frei bleibt.
- Stopfen Sie die andere Hälfte des Stückes auf die andere Seite zwischen die beiden zuerst eingelegten Stücke.

Durch diese Technik gelingt es ohne Mühe, den zusammengenähten Fingerling genau in der Mitte des Kopfes einzusetzen.

Einsetzen des Fingerlings

Den Fingerling mit der Naht nach außen auf den Zeigefinger der linken Hand stecken und durch die Lücke zwischen den vier Wollstücken bis zum Ende hindurchführen. Mit einer Stahlnadel (keine normale Stecknadel) stecken Sie nun von außen den Fingerling fest.
Jetzt bekommt der Kopf seine Form: Mit einem Faden in der Farbe des Kopfes wird der Hals „abgeschnürt“. Nehmen Sie den Faden doppelt; ziehen Sie ihn durch die erste Reihe des Kopfes (79. Reihe). Bevor Sie den Faden bis auf eine Öffnung von 2,5 cm Durchmesser zusammenziehen, die Füllung nach oben zusammenschieben und dabei darauf achten, daß der Fingerling nicht verlorengeht. Anschließend krempeln Sie die Puppe um. Nähen Sie die Öffnung des Fingerlings in der zusammengeschnürten Halsöffnung von innen fest. Stecken Sie den Puppenrohling auf die Hand, entfernen Sie die Stahlnadel und nähen Sie den Fingerling nun auch oben fest. Jetzt kann er nicht mehr verrutschen.

Das Gesicht

Beim nun folgenden Arbeitsgang, dem Sticken des Gesichtes, erhält die Puppe ihr individuelles Aussehen. Durch unterschiedliche Kombination von Augen, Nase, Mund und Bäckchen werden die einzelnen Modelle immer wieder neu variiert, so daß jede einzelne Puppe anders aussieht. Kleine Besonderheiten, die hinzugefügt werden, wie zum Beispiel Brille, Falten, Sommersprossen, ein angesetztes Kinn und nicht zuletzt die verschiedenen Bärte, geben jeder Puppe ihr typisches Aussehen.
Wichtig ist hier die richtige Auswahl der Farben. Dunkle Farben lassen ein helles Ge-

sicht leicht zu hart erscheinen, während helle Farben möglicherweise zu kalt wirken. Verwenden Sie bei den ersten Puppen am besten die angegebenen Farben. Probieren Sie dann später neue Kombinationen aus. Dabei legen Sie zunächst von den gewünschten Farben einige Fäden auf das Gesicht und prüfen wie die Farben zusammen wirken.

Halten Sie sich an folgende Grundregel:

- Die dunkelste Farbe für die Iris.

Nur wenn die Puppe bewußt kalt wirken soll, kann auch grau (Schneekönigin) oder beige verwendet werden.

Zum Sticken selbst

Benutzen Sie die Sticknadel mit der Spitze; Sie können so die einzelnen Stiche genauer ausführen. Der Anfang und das Ende des jeweiligen Fadens sollten sorgfältig auf dem Hinterkopf vernäht und zusätzlich verknotet werden. Später werden die Fäden durch die aufgesetzte Frisur oder durch einen Hut (bei Hotzenplotz) verdeckt. So können sich die Fäden auch bei stärkster Beanspruchung nicht lösen.
Bei den Puppen ohne Kopfbedeckung – den „Glatzköpfen“ – verstecken Sie die Fäden

unter der Nase. Das Gesicht sollte nicht vorgezeichnet werden.
Aus den beiden Skizzen können Sie erkennen, wie einfach sich die Ansatzpunkte für Augen, Brauen, Nase, Mund und Bäckchen auf dem Gestrick auszählen lassen. Geringe Abweichungen sind eher originell und ergeben eben unverwechselbar Ihre Puppe. Was macht es aus, wenn ein Bäckchen mal höher sitzt als das andere? Betrachten Sie sich meine Puppen kritisch. Sie werden feststellen, daß nicht alle Bäckchen rund und manche Augenpaare ungleichmäßig sind. Fassen Sie beim Sticken mit der Nadel immer etwas von der Füllung mit; so befestigen Sie diese noch zusätzlich. Den Faden ziehen Sie stets etwas an, dadurch vermeiden Sie, daß der Faden plastisch aufliegt.

Die Augen

Anhand der Abbildungen erkennen Sie, daß ich zwei verschiedene Augenformen verwendet habe, die sich vielseitig verändern lassen:

- Das halbkreisförmige Auge und
- Das ovale Auge

Die Puppen mit den *halbkreisförmigen* Augen haben im Profil eine geschwungene *Kontur*. Um diese Kontur zu erreichen, wird in Höhe der Kopfmitte (18. Reihe) ein Faden durchgezogen. Der Kopf erhält so eine „Taille". Befestigen Sie einen doppelten Faden in der Gesichtsfarbe seitlich am Kopf in Höhe der 18. Reihe. Stechen Sie mit der Nadel jeweils durch eine halbe Masche. So wird der Faden um den ganzen Kopf geführt bis zum Ausgangspunkt. Nun ziehen Sie den Faden vorsichtig zusammen, bis sich die gewünschte Kontur ergibt. Prüfen Sie, ob der Faden nicht zu stramm ist; es soll sich nur ein ganz sanfter Bogen bilden. Den Faden nun noch fest vernähen und verknoten.
Sie haben nun gleichzeitig die Ansatzlinie für die Augen. Markieren Sie die Mitte des Gesichtes mit einer Stahlnadel (vordere Mitte). Zwischen den Augen bleibt ein Abstand von 5 Maschen. Sticken Sie erst die Augenumrandung und die Augenbrauen. Dann sticken Sie die Iris. Versuchen Sie ruhig auch mal eine Puppe, die atemberaubend schielt.

Die meisten Augen erhalten jedoch eine *ovale Form*. Diese Augenform ist sehr viel ausdrucksvoller, die Variationsmöglichkeiten sind weitaus zahlreicher.
Die Augen werden etwas tiefer angesetzt (14. Reihe). Wieder wird die Mitte des Gesichtes mit einer Stahlnadel markiert (in Höhe der 14. Reihe). Auch hier beträgt der Abstand zwischen den Augen 5 Maschen, die Augenhöhe 9 bis 12 Reihen. Beginnen Sie, nachdem Sie den Faden gut auf dem Hinterkopf befestigt haben, 5 Maschen neben der Markierung in der 14. Reihe. Legen Sie den Faden zu einem Oval in Größe des Auges. Legen Sie den Daumen in das Oval und halten Sie den Faden damit fest. Nun wird das Oval mit zierlichen Stichen fast unsichtbar festgestickt. Sollte es nicht gleich gelingen: Stecken Sie am Augenrand senkrecht Stahlnadeln in den Kopf und führen nun den Faden um diese Nadeln. Nun wird es gehen! Dieser kleine Trick, der auch bei den Bäckchen und beim Mund angewendet wird, ermöglicht Ihnen eine genauere Linienführung als noch so sauberes Vorzeichnen. Nun kann das Auge entsprechend der Vorlage ausgestickt werden.
Damit beim Lidschatten die Fäden nicht zu weit gespannt werden, sticken Sie „versetzt" jeweils über die halbe Breite. So wird das Gestrick nicht übermäßig stark zusammengezogen.

Halbkreisförmige Augen

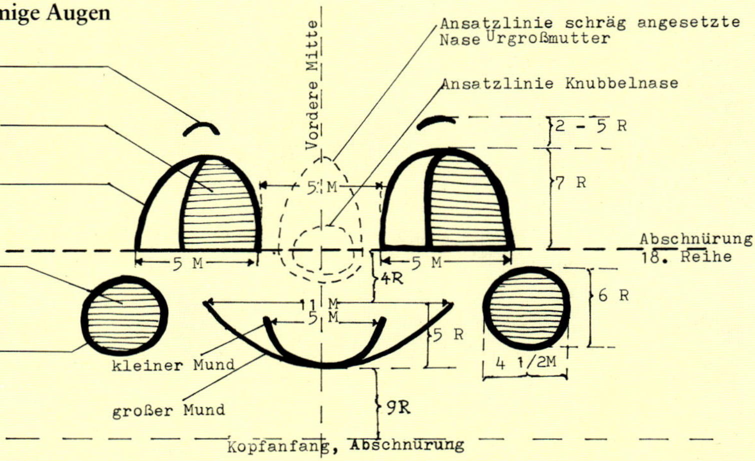

Ovale Augen

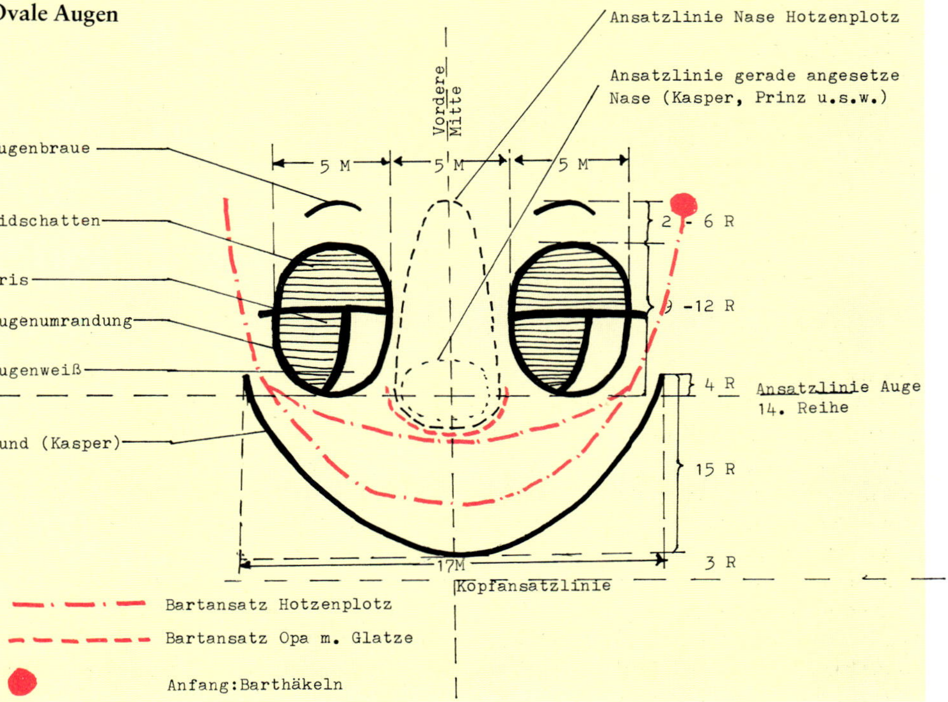

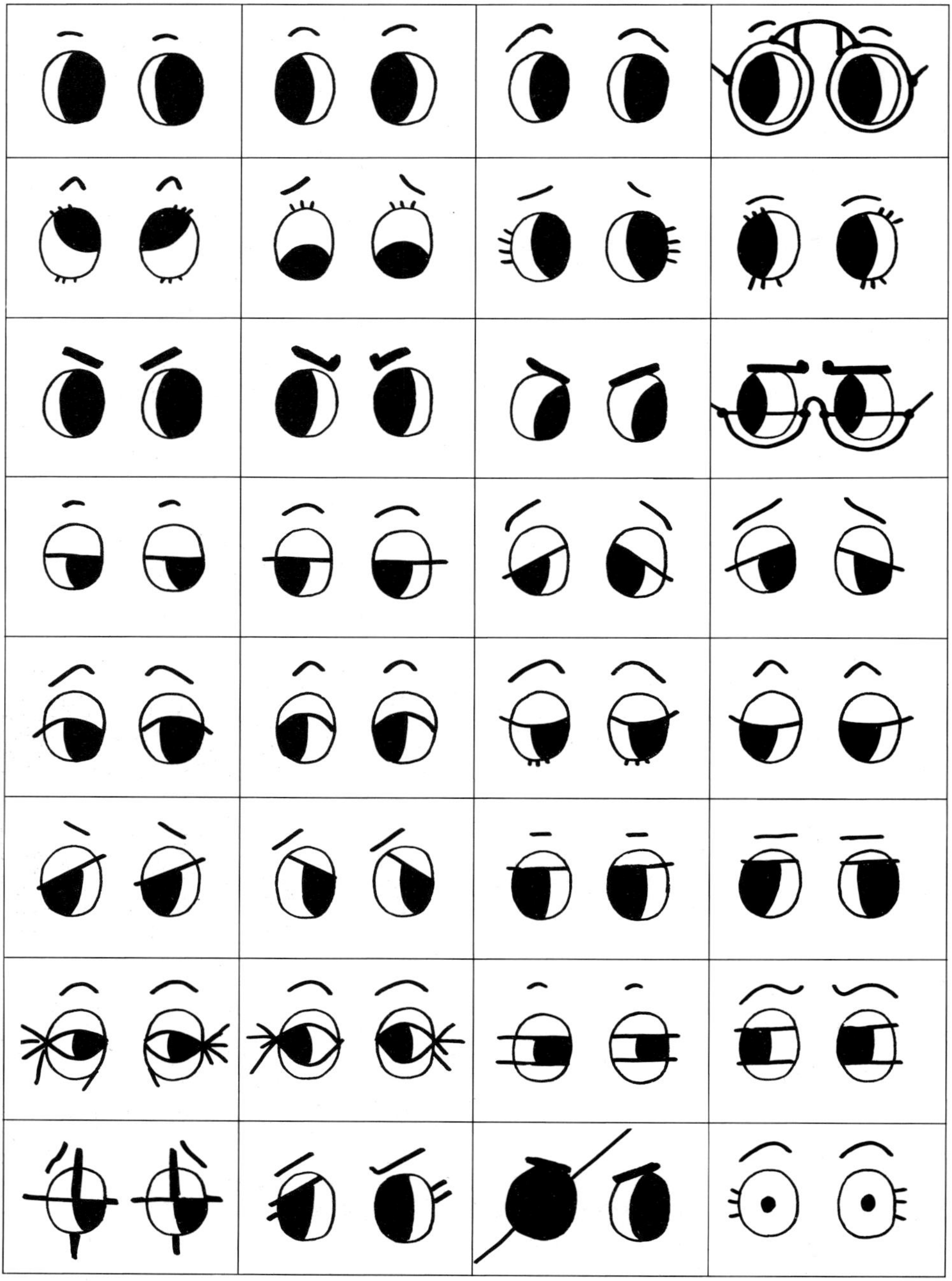

Große und kleine Nasen

Bei vielen Puppen ist die Nase der winzigste Teil. Sechs Maschen breit, und nur sechs Reihen hoch, entspricht sie der Warze im Hexengesicht.

Bei dieser *Knubbelnase* ziehen Sie einen Faden durch die offenen Maschen, die Seitennaht, den Anschlag und durch die zweite Seitennaht. Nun den Faden fest zusammenziehen und die Nase genau auf der 18. Reihe zwischen den Augen festnähen. Bei dieser Nase entfällt das Ausstopfen.

Die *gerade abstehenden Nasen* (Kasper, Till, Seppel, kleine Hexe, König, Prinz, Clown, Opa und Polizist) bestehen immer aus einem geraden Teil und unterscheiden sich nur durch Maschen- und Reihenzahl, also Länge und Dicke. Hier ziehen Sie nur durch die offenen Maschen des Teiles den Faden fest zusammen. Schließen Sie die Seitennaht. Danach stopfen Sie das Teil fest aus und nähen es zwischen den Augen fest.

Die *schräg angesetzte Nase* (Urgroßmutter, böse Hexe und Hotzenplotz) nähen Sie nach dem Zusammenziehen der offenen Maschen nur bis zum Ende des geraden Teiles zu. Stopfen Sie die Nase jedoch bis zur Nasenwurzel hinauf fest aus. Befestigen Sie die Nase zunächst mit Stahlnadeln. Der obere Ansatzpunkt liegt zwischen den Augenbrauen, der untere etwas unterhalb der Augen. In der Regel werden Sie bei dieser Nasenform vor den letzten Befestigungsstichen noch etwas Wolle nachstopfen müssen, damit die Nase gut ausgefüllt ist und später nicht platt wird.

Der Mund

Mit der Mundlinie entscheiden Sie, ob die Puppe lieb oder böse, lustig oder traurig, freundlich oder grimmig wirkt. Bei den meisten Puppen verläuft die Linie in einem sanften halbkreisförmigen Bogen. Dabei wird der Faden von 5 Maschen (Gespenster, Oma) bis zu 17 Maschen (Kasper, Opa) in der Breite; und 4 Reihen (Schneewittchen) bis zu 15 Reihen (Kasper) in der Höhe gespannt. Es geht aber auch ganz anders! Eine schräge Linie, wie bei der einen Hexe, gibt der Puppe einen mürrisch-verschlagenen Ausdruck. Grimmig herabgezogene Mundwinkel können bei der richtigen Puppe sehr originell wirken. Versuchen Sie einmal eine Puppe mit einer Wellenlinie als Mund; der Gesichtsausdruck ist unübertrefflich.

Beginnen Sie beim Sticken im linken Mundwinkel. Wie bei den Augen führen Sie nun den Faden um vorher gesteckte Nadeln zum rechten Mundwinkel. Bevor Sie den Faden richtig feststicken, prüfen Sie, ob die Form des Mundes zum Gesicht paßt.

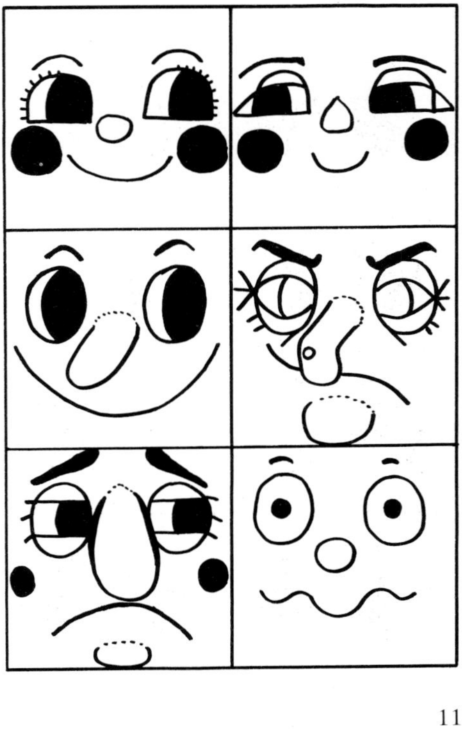

Die Bäckchen

Den letzten Pfiff erhält das Gesicht durch die Bäckchen. Orientieren Sie sich dabei an Form und Größe des Mundes und der Nase. Auch hier gilt: vor dem endgültigen Befestigen erst prüfen, ob Sie den richtigen Platz für das jeweilige Bäckchen gefunden haben. Verfahren Sie beim Sticken wie bei den ovalen Augen. Arbeiten Sie die Bäckchen über 4½ Maschen in der Breite und 6 Reihen in der Höhe.

Frisuren, Kopfbedeckungen und Bärte

Mit Ausnahme des kleinen Gespenstes haben alle Puppen eine Haartracht oder aber Kopfbedeckung. Für die unterschiedlichen Frisuren haben Sie folgende Möglichkeiten:

- Lockenkranz (Opa und Clown)
- Lockenperücke (Negermädchen)
- gestrickte Perücke (Prinz, Prinzessin, König, Schneewittchen, Oma Gerda u. a.).

Ein großer Teil der Puppen trägt einen Hut, andere haben Mützen.
Eine weitere Möglichkeit, um der Puppe ein charakteristisches Aussehen zu verleihen, ist der Bart – in allen Variationen.

Lockenkranz und Bart
Beides wird mit derselben Technik gehäkelt. Am leichtesten erlernen Sie das Schlingenhäkeln an einem Bart. Nehmen Sie dazu die Häkelnadel Nr. 2,5. Bei einem Vollbart, wie ihn der Räuber Hotzenplotz trägt, beginnen Sie 6 Maschen oben neben dem rechten Auge. Häkeln Sie durch diese Masche eine feste Masche. Damit der Anfangsfaden sich nicht löst, wird er gut vernäht. Häkeln Sie nun ungefähr 43 Luftmaschen. Befestigen Sie die Luftmaschenkette mit einer festen Masche an der 6. Masche neben dem linken Auge.
Nun können Sie in der Rückreihe mit den Schlingen beginnen:

- Den Mittelfinger der linken Hand auf den Faden legen.
- Mit der Nadel unter der Luftmaschenkette durchstechen.
- Den Faden oberhalb des Fingers fassen.
- Den Faden unter der Luftmaschenkette hindurchziehen.
- Mit der Nadel den Faden durch die beiden Schlingen auf der Nadel ziehen.
- Den Arbeitsgang wiederholen bis zum Ende der Luftmaschenkette.

Sie häkeln praktisch um die Luftmaschenkette herum feste Maschen, die durch den jeweils auf den Faden gelegten Finger erweitert werden.
Diese Technik eignet sich nicht für eine Perücke. Die Schlingen würden sich lösen!
Sie werden feststellen, daß sich die Schlingen auf der Luftmaschenreihe verschieben lassen. So haben Sie die Wahl, ob Sie die Locken ganz dicht oder aber eher spärlich verteilen. Zum Schluß nähen Sie die Luftmaschenreihe mit den fertigen Schlingen im gewünschten Bogen fest und verknoten das Ende des Fadens. Bei der oberen Reihe des Vollbartes verfahren Sie nun nach demselben Schema. *Für alle „Lockenreihen" gilt:*

- Anfang am rechten Ende der gewünschten Linie
- so viele Luftmaschen häkeln, daß die Luftmaschenkette bis zum Ende der linken Seite reicht
- befestigen
- die Schlingen häkeln
- und dann festnähen.

Die Lockenperücke
Für die Lockenperücke verwende ich eine andere Technik als für die Lockenreihen. Diese Technik ist nicht ganz leicht zu erlernen. Haben Sie bitte etwas Geduld, wenn es nicht gleich gelingt.

Mit 4 Luftmaschen, die zu einem Ring geschlossen werden, fangen Sie an. Häkeln Sie in diesen Ring 10 feste Maschen. Nun geht es los:

- Stechen Sie mit der Nadel durch beide Maschenglieder der nächsten Masche.
- Führen Sie den Faden im entgegengesetzten Uhrzeigersinn um den Daumen der linken Hand, so daß sich eine Schlinge bildet.
- Holen Sie den Faden mit der Nadel durch diese Schlinge.
- Streifen Sie die Schlinge vom Daumen.
- Halten Sie die Schlinge mit dem Mittelfinger der linken Hand hinter dem Arbeitsstück gut fest!

Sie haben nun: die Schlingenmasche (1), die beiden Maschenglieder der festen Masche aus der Vorreihe (2) und die Anfangsmasche (3) auf der Nadel.

- Legen Sie den Faden von hinten nach vorne um die Häkelnadel und ziehen den Faden zunächst nur durch die Maschen (1) und (2).
- Legen Sie den Faden erneut um die Nadel und ziehen den Faden durch die noch auf der Nadel befindlichen Maschen.
- Wiederholen Sie den Arbeitsgang bis zum Ende der ersten Runde fortlaufend.

In der 2. Runde häkeln Sie in jede Masche der Vorrunde zwei Schlingenmaschen. Danach nehmen Sie langsamer zu, so daß eine Halbkugel entsteht, die der Kopfform angepaßt ist. In der 15. Runde sollten Sie 65 Maschen für eine Runde erreichen. Häkeln Sie noch drei weitere Runden mit der gleichen Maschenzahl. Stecken Sie die fertige Perücke mit Stahlnadeln auf dem Kopf fest. Dann nähen Sie die Perücke fest.

Gestrickte Perücken

Die Perücken werden zunächst in der angegebenen Größe gestrickt. Für das Aufsetzen gibt es verschiedene Möglichkeiten. Bei den Beschreibungen der einzelnen Puppen ist jeweils beschrieben, wie die Perücke aufgesetzt werden soll. Beachten Sie bitte folgende Grundregeln:

- Nähen Sie die Perücke laut Anleitung zusammen.
- Einige Perücken werden jedoch nicht zusammengenäht.
- Legen Sie immer etwas Stopfwolle unter das Perückenteil, so daß sich das Teil nicht mehr verschieben läßt.
- Beginnen Sie mit dem Feststecken immer in der Kopfmitte (Stirn, Scheitel).
- Beim Durchsteppen des Scheitels fassen Sie mit der Nadel bis auf den Kopf durch.
- Stecken Sie die Perücke ringsherum fest.
- Stopfen Sie eventuell noch etwas Wolle nach.
- Nähen Sie das Teil fest.
- Kordeln (Schneewittchen, Zopfpuppen) werden vor dem Aufsetzen der Perücke festgenäht. Der Ansatz muß mit der Perücke verdeckt werden.
- Die Lockenreihen werden ganz zuletzt gearbeitet.

Hüte und Mützen

Zunächst nähen Sie den Hut bzw. die Mütze zusammen. (Evtl. Saum nähen.)
Die Hüte (Räuber, Polizist, Hexe) werden zunächst ausgestopft. Danach stecken Sie das Teil mit Stahlnadeln auf dem Kopf fest. Bei den Kopfbedeckungen mit einer Naht setzen Sie die Naht in der Mitte des Hinterkopfes an. Bei 2 Nähten plazieren Sie die Nähte seitlich. Prüfen Sie den Sitz der Kopfbedeckung. Anschließend nähen Sie das Teil fest.
Sie können natürlich auch auf eine gestrickte Perücke einen Hut setzen. Fassen Sie beim Annähen des Hutes mit der Nadel bis auf den Kopf durch. So kann die Frisur sich nicht heben, sollte jemand versuchen den Hut zu lüpfen!

Das kleine Gespenst

Dies ist eine Puppe, bei der man eigentlich nicht viel falsch machen kann. Als Einstieg in die Puppenherstellung somit denkbar gut geeignet. Sie brauchen nur Garn in der Grundfarbe und ein paar Wollreste für das Gesicht, um diese knubbelige strapazierfähige Puppe herzustellen.
Meine Kinder haben sich diese Puppe – und zwar das dunkle Nachtgespenst – als erste Puppe gewünscht. Sie spielen immer noch besonders gerne damit.

Taggespenst:

- **Verwendete Garnfarbe:** 50 g Nr. 20 Creme.

Teil 1: Kopf und Körper (siehe Schema).
Teil 2 und 3: Arme, 22 M × 20 R Nr. 20 Creme.
Teil 4: Fingerling, 18 M × 32 R Nr. 20 Creme.

- **Beachten:** Teile nicht abketten, sondern stets den Faden durch die offenen Maschen ziehen.

- **Fertigen** Sie den Puppenrohling.

- **Sticken Sie das Gesicht in den Farben:** Augen: Nr. 90 Schwarzbraun; Mund und Bäckchen: Nr. 60 Beige.

Teil 5: Nase, 6 M × 6 R Nr. 20 Creme. Faden ringsherum durchziehen, zusammenziehen und dann festnähen.

Nachtgespenst:

- **Verwendete Garnfarbe:** 50 g Nr. 35 Schwarz.

Teil 1: Kopf und Körper.
Teil 2 und 3: Arme, 22 M × 20 R Nr. 35 Schwarz.
Teil 4: Fingerling, 18 M × 32 R Nr. 35 Schwarz.

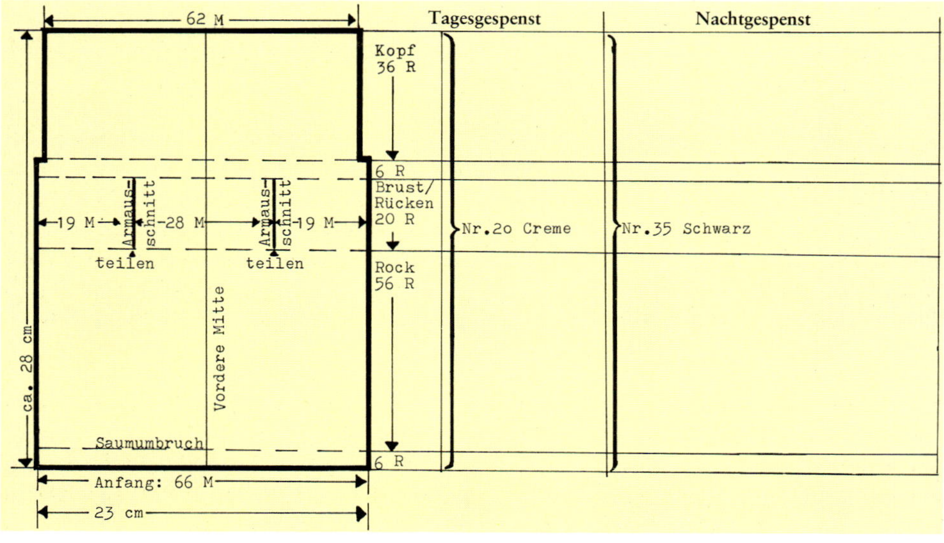

- **Beachten:** Teile nicht abketten, sondern stets den Faden durch die offenen Maschen ziehen.
- **Fertigen** Sie den Puppenrohling.
- **Sticken Sie das Gesicht in den Farben:** Augen: Nr. 20 Creme; Mund und Bäckchen: Nr. 60 Beige.

Teil 5: Nase, 6 M × 6 R Nr. 35 Schwarz. Faden ringsherum durchziehen, zusammenziehen und dann festnähen.

Clown mit Hut

- **Verwendete Garnfarben:** Nr. 20 Creme, Nr. 90 Schwarzbraun, Krapp, Nr. 85 Graubraun, Nr. 60 Beige.

Teil 1: Kopf und Körper (siehe Schema).
Teil 2 und 3: Arme, 22 M × 10 R Nr. 90 Schwarzbraun, 22 M × 10 R Nr. 20 Creme.
Teil 4: Fingerling, 18 M × 32 R Nr. 20 Creme.

- **Beachten:** Teile nicht abketten, stets den Faden durch die offenen Maschen ziehen.
- **Fertigen** Sie den Puppenrohling.
- **Sticken Sie das Gesicht in den Farben:** Augenrand und Brauen: Nr. 85 Graubraun; Iris Nr. 30 Dunkelbraun; „Augenschminke": Nr. 35 Schwarz; Mund: Krapp.

Teil 5: Nase, 12 M × 12 R Krapp.
Ziehen Sie die offenen Maschen mit dem Faden fest zusammen, schließen Sie die Seitennaht, stopfen Sie die Nase aus und nähen sie fest.

Teil 6 und 7: Ohren, 2 Kordeln, Nr. 20 Creme.
Arbeiten Sie mit der Strickliesel 2 Kordeln zu je 5 cm Länge. Nähen Sie die Ohren fest.

- Häkeln Sie den Lockenkranz in 2 Reihen.

Teil 8: Hut, 18 M × 16 R Nr. 85 Graubraun.
Bereiten Sie den Hut vor wie die Nase und nähen ihn fest.
Teil 9: Hutkrempe, 1 Kordel, Nr. 85 Graubraun.
Eine 12 cm lange Kordel nähen Sie um den Hut herum fest.

Opa mit Bart

- **Verwendete Garnfarben:** Nr. 20 Creme, Nr. 85 Graubraun, Nr. 30 Dunkelbraun, Nr. 35 Schwarz, Nr. 43 Dunkelgrau.

Teil 1: Kopf und Körper (siehe Schema).
Teil 2 und 3: Arme, 22 M × 10 R Nr. 30 Dunkelbraun; 22 M × 10 R Nr. 20 Creme.

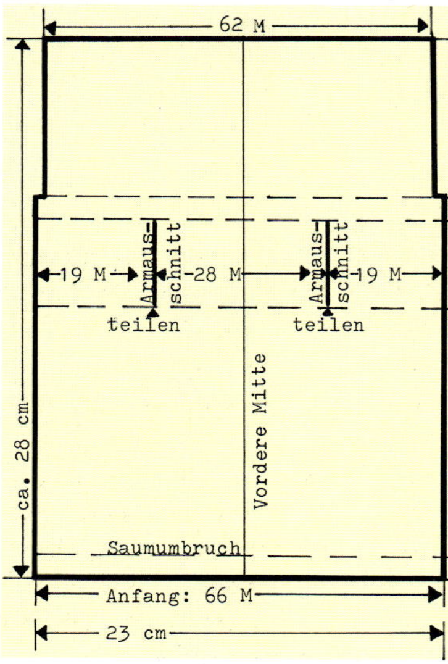

	Opa mit Bart	Clown mit Hut
Kopf 36 R	36R Nr. 2o Creme	36R Nr. 2o Creme
6 R	6R Nr. 85 Gr.-braun	2R Nr.9o / 4R Krapp
Brust/Rücken 20 R	2oR Nr. 3o D.-braun	2oR im Wechsel je 4R Krapp/ 4R Nr.2o Creme
Rock 56 R	16R Nr. 3o D.-braun 4oR Nr. 35 Schwarz	48R im Wechsel je 4R Krapp/ 4R Nr. 2o Creme 8R Nr.9o Schwarzbraun
6 R	6R Nr. 35 Schwarz	6R Nr.9o Schwarzbraun

Teil 4: Fingerling, 18 M × 32 R Nr. 20 Creme.

● **Beachten:** Teile nicht abketten, stets den Faden durch die offenen Maschen ziehen.

● **Fertigen** Sie den Puppenrohling.

● **Sticken Sie das Gesicht in den Farben:** Augenrand, Brauen und Falten: Nr. 85 Graubraun; Iris: Nr. 30 Dunkelbraun; Mund und Bäckchen: Krapp.

Teil 5: Nase, 12 M × 12 R Nr. 20 Creme.

Teil 6 und 7: Ohren, 12 M × 6 R Nr. 20 Creme.

Ziehen Sie bei Nase und Ohren die offenen Maschen mit dem Faden fest zusammen; dann: Seitennähte schließen, Teil ausstopfen und festnähen.

● Häkeln Sie den Schnauzbart.

● Arbeiten Sie den Lockenkranz in zwei Reihen.

Ich habe diese Puppe einer jungen Frau geschenkt. Als sie nun am ersten Abend mit der Puppe spielte, wickelte sie den „Opa“ zu vorgerückter Stunde in eine Decke und meinte: „Pssst, leise, ich glaube er schläft! Er atmet schon ganz gleichmäßig!“

Räuber Hotzenplotz

- **Verwendete Garnfarben:** Nr. 63 Graubeige, Nr. 90 Schwarzbraun, Nr. 30 Dunkelbraun, Nr. 35 Schwarz, Krapp.

Teil 1: Kopf und Körper (siehe Schema).
Teil 2 und 3: Arme, 22 M × 10 R Nr. 90 Schwarzbraun, 22 M × 10 R Nr. 63 Graubeige.
Teil 4: Fingerling, 18 M × 32 R Nr. 63 Graubeige.

- **Beachten:** Teile nicht abketten, stets den Faden durch die offenen Maschen ziehen.
- **Fertigen** Sie den Puppenrohling.
- **Sticken Sie das Gesicht in den Farben:** Augenrand und Augenbrauen: Nr. 90 Schwarzbraun; Iris: Nr. 35 Schwarz; Augenweiß: Nr. 20 Creme.

Teil 5: Nase, Nr. 63 Graubeige. Beginnen Sie mit 5 Maschen. Nehmen Sie am Anfang jeder Reihe 1 Masche zu, bis Sie 18 Maschen auf der Nadel haben. Nach 10 weiteren Reihen mit derselben Maschenzahl, Faden durch die offenen Maschen ziehen. Zusammennähen, ausstopfen, festnähen.

- Häkeln Sie den Bart (Nr. 35 Schwarz) in 2 Reihen.

Teil 6: Räuberhut, Nr. 90 Schwarzbraun und Krapp.

Räuber Karottenbart

- **Verwendete Garnfarben:** Nr. 63 Graubeige, Nr. 30 Dunkelbraun, Nr. 60 Beige, Krapp.

Teil 1: Kopf und Körper (siehe Schema).
Teil 2 und 3: Arme, 22 M × 10 R Nr. 30 Dunkelbraun, 22 M × 10 R Nr. 63 Graubeige.
Teil 4: Fingerling, 18 M × 32 R Nr. 63 Graubeige.

- **Beachten:** Teile nicht abketten, stets den Faden durch die offenen Maschen ziehen.
- **Fertigen** Sie den Puppenrohling.
- **Sticken Sie das Gesicht in den Farben:** Augenrand, Augenbrauen und Iris: Nr. 90 Schwarzbraun; Augenweiß: Nr. 20 Creme.

Teile 5: Nase, siehe Hotzenplotz.

- Häkeln Sie den Bart (Krapp) in 2 Reihen.

Teil 6: Räuberhut, Nr. 30 Dunkelbraun und Krapp.

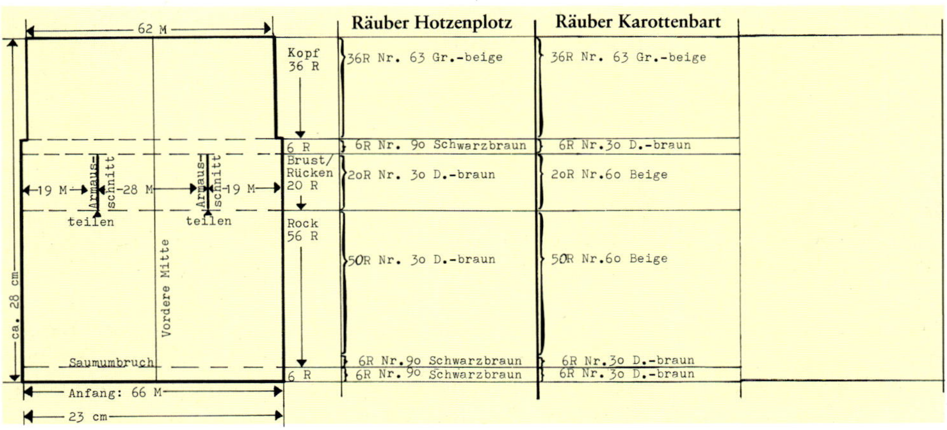

Räuberhut:

Beginnen Sie mit 105 Maschen, stricken Sie 13 Reihen gerade hoch. Die 14. Reihe (Umbruch) stricken Sie mit Nadelstärke 5 (5,5). Nach weiteren 13 Reihen stricken Sie in der 28. Reihe jeweils 2 Maschen zusammen. Arbeiten Sie mit den nun auf der Nadel befindlichen 53 Maschen noch 20 weitere Reihen, und zwar zunächst 6 Reihen Krapp und 14 Reihen in der jeweils angegebenen Grundfarbe. Ziehen Sie mit dem Faden die offenen Maschen fest zusammen; schließen Sie die Seitennaht; säumen Sie den Hut. Den fertigen Hut gut ausstopfen, feststecken und festnähen.

Polizist mit braunem Bart

- **Verwendete Garnfarben:** Nr. 20 Creme, Nr. 43 Dunkelgrau, Nr. 60 Beige, Nr. 35 Schwarz.

Teil 1: Kopf und Körper (siehe Schema).

Teil 2 und 3: Arme, 22 M × 10 R Nr. 43 Dunkelgrau; 22 M × 10 R Nr. 20 Creme.
Teil 4: Fingerling, 18 M × 32 R Nr. 20 Creme.

- **Beachten:** Teile nicht abketten, stets den Faden durch die offenen Maschen ziehen.
- **Fertigen** Sie den Puppenrohling.
- **Sticken Sie das Gesicht in den Farben:** Augenrand und Augenbrauen: Nr. 30 Dunkelbraun; Iris: Nr. 90 Schwarzbraun; Mund und Bäckchen: Krapp.

Teil 5: Nase, 14 M × 12 R Nr. 20 Creme.

- Stopfen Sie die Nase aus und nähen sie fest.
- Häkeln Sie den Schnauzbart in Nr. 30 Dunkelbraun.
- Sticken Sie die Gürtelschnalle in Nr. 90 Schwarzbraun.

Teil 6: Helm, Nr. 35 Schwarz.
Teil 7: Helmspitze, Nr. 60 Beige.
Teil 8: Riemen, 20 cm Kordel, Nr. 60 Beige.

Polizist mit grauem Bart

- **Verwendete Garnfarben:** Nr. 60 Beige, Nr. 43 Dunkelgrau, Nr. 20 Creme, Nr. 35 Schwarz, Nr. 40 Hellgrau.

Teil 1: Kopf und Körper (siehe Schema).

Teil 2 und 3: Arme, 22 M × 10 R Nr. 43 Dunkelgrau; 22 M × 10 R Nr. 60 Beige.

Teil 4: Fingerling, 18 M × 32 R Nr. 60 Beige.

- **Beachten:** Teile nicht abketten, stets den Faden durch die offenen Maschen ziehen.
- **Fertigen** Sie den Puppenrohling.
- **Sticken Sie das Gesicht in den Farben:** Augenrand: Nr. 30 Dunkelbraun, Iris und Augenbrauen: Nr. 90 Schwarzbraun; Mund und Bäckchen: Krapp.

Teil 5: Nase, 14 M × 12 R Nr. 60 Beige.

Teil 6: Kinn, 14 M × 5 R Nr. 60 Beige.

- Schließen Sie bei beiden Teilen jeweils die Seitennaht. Stopfen Sie Nase und Kinn aus, festnähen.
- Häkeln Sie den Schnauzbart in Nr. 40 Hellgrau.
- Sticken Sie die Gürtelschnalle in Nr. 35 Schwarz.

Teil 7: Helm, Nr. 35 Schwarz.

Teil 8: Helmspitze, Nr. 20 Creme.

Teil 9: Riemen, 20 cm Kordel, Nr. 20 Creme.

Helm für die Polizisten

Beginnen Sie mit 38 Maschen. Sticken Sie in den nächsten vier Reihen jeweils die ersten beiden Maschen zusammen. Für die 5. Reihe (Umbruch) verwenden Sie Nadelstärke 5 (5,5). Bei den nun folgenden Reihen nehmen Sie jeweils am Anfang jeder Reihe eine Masche zu, bis Sie wieder 38 Maschen auf der Nadel haben. Stricken Sie ein zweites Teil nach demselben Schema. Nehmen Sie jetzt alle 76 Maschen auf eine Nadel. Stricken Sie noch 20 Reihen gerade hoch. Ziehen Sie mit dem Faden die offenen Maschen fest zusammen. Schließen Sie die Seitennaht; säumen Sie den Helm; nähen Sie die Klappen an den Seiten zusammen. Den fertigen Helm ausstopfen, feststecken und annähen. Den Riemen befestigen.

Für die Spitze beginnen Sie mit 14 Maschen. Stricken Sie nach 6 Reihen je zwei Maschen zusammen. Nach 6 weiteren Reihen abketten. Das Teil zusammennähen, ausstopfen und oben auf dem Helm gut festnähen.

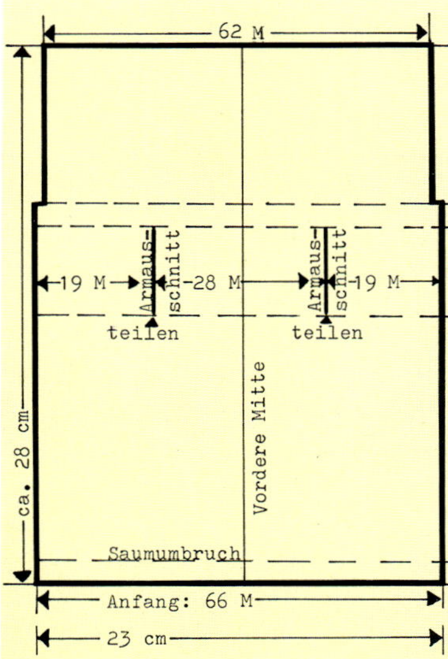

	Polizist mit braunem Bart	Polizist mit grauem Bart
Kopf 36 R	36R Nr. 2o Creme	36R Nr. 6o Beige
6 R	6R Nr. 43 D.-grau	6R Nr. 43 D.-grau
Brust/Rücken 20 R	2oR Nr. 43 D.-grau	2oR Nr. 43 D.-grau
Rock 56 R	4R Nr. 6o Beige 12R Nr. 43 D.-grau 4oR Nr. 35 Schwarz	4R Nr. 2o Creme 12R Nr. 43 D.-grau 4oR Nr. 35 Schwarz
6 R	6R Nr. 35 Schwarz	6R Nr. 35 Schwarz

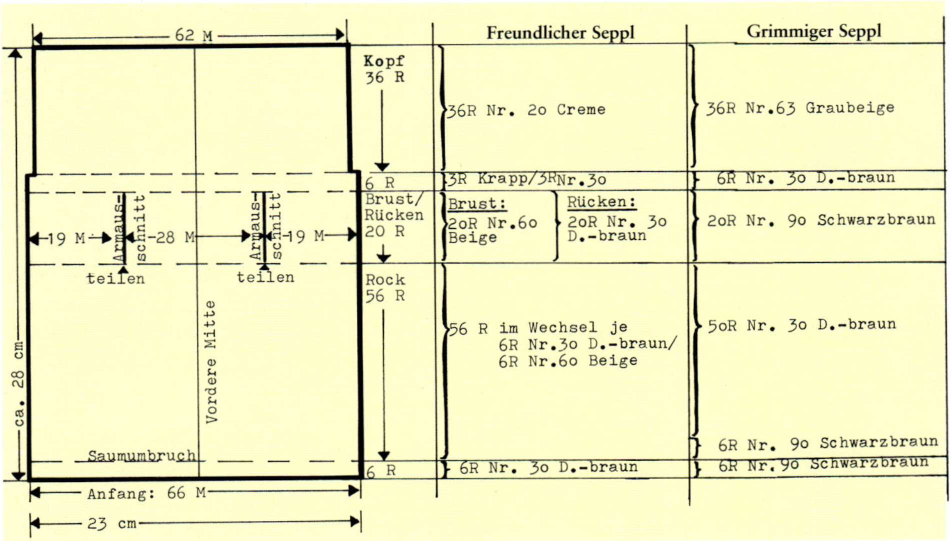

Freundlicher Seppl

- **Verwendete Garnfarben:** Nr. 20 Creme, Nr. 60 Beige, Nr. 30 Dunkelbraun, Krapp.

Teil 1: Kopf und Körper (siehe Schema).
Teil 2 und 3: Arme, 22 M × 10 R Nr. 30 Dunkelbraun; 22 M × 10 R Nr. 20 Creme.
Teil 4: Fingerling, 18 × 32 R Nr. 20 Creme.

- **Beachten:** Teile nicht abketten, stets den Faden durch die offenen Maschen ziehen.
- **Fertigen** Sie den Puppenrohling.
- **Sticken Sie das Gesicht in den Farben:** Augenrand und Brauen: Nr. 30 Dunkelbraun; Iris: Nr. 90 Schwarzbraun; Lidschatten: Nr. 60 Beige; Mund und Bäckchen: Krapp.

Teil 5: Nase, 11 M × 8 R Nr. 20 Creme.
Offene Maschen mit dem Faden fest zusammenziehen, Seitennaht schließen; stopfen Sie die Nase aus und nähen sie fest.
Teil 6: Sepplmütze, Nr. 30 Dunkelbraun.

Sepplmütze

Die Mütze besteht aus zwei gleichen Teilen. Beginnen Sie mit 36 Maschen in der jeweils angegebenen Farbe. Stricken Sie 6 Reihen gerade hoch. Die 7. Reihe (Umbruch) arbeiten Sie mit Nadelstärke 5 (5,5). Stricken Sie noch 12 Reihen gerade weiter. Für den grimmigen Seppl nehmen Sie für die 6. bis 12. Reihe nach dem Umbruch die Farbe Krapp. Stricken Sie nun für die Spitze jeweils am Anfang jeder Reihe die 2. und 3. Masche zusammen, bis Sie nur noch 6 Maschen auf der Nadel haben. Nehmen Sie die Maschen auf eine Hilfsnadel (Stahlnadel 5 cm). Stricken Sie das 2. Teil ebenso. Fügen Sie beide Teile an der Spitze im Maschenstich zusammen. Schließen Sie die Seitennähte. Säumen Sie die Mütze und stecken Sie das fertige Teil auf dem Puppenkopf fest. (Nicht ausstopfen!) Nun brauchen Sie die Mütze nur noch festzunähen.

Dunkler, grimmiger Seppl

- **Verwendete Garnfarben:** Nr. 63 Graubeige, Nr. 30 Dunkelbraun, Nr. 90 Schwarzbraun, Krapp.

Teil 1: Kopf und Körper (siehe Schema).
Teil 2 und 3: Arme, 22 M × 10 R Nr. 30 Dunkelbraun; 22 M × 10 R Nr. 63 Graubeige.
Teil 4: Fingerling, 18 M × 32 R Nr. 63 Graubeige.

- **Beachten:** Teile nicht abketten, stets den Faden durch die offenen Maschen ziehen.
- **Fertigen** Sie den Puppenrohling.
- **Sticken Sie das Gesicht in den Farben:** Augenrand, Brauen und Iris: Nr. 90 Schwarzbraun; Augenweiß: Nr. 20 Creme; Mund Bäckchen: Krapp.

Teil 5: Nase, 14 M × 10 R Nr. 63 Graubeige. Ziehen Sie die offenen Maschen mit dem Faden fest zusammen, schließen Sie die Seitennaht, stopfen Sie die Nase aus und nähen sie fest.
Teil 6: Sepplmütze, Nr. 90 Schwarzbraun, Krapp.

Kasper

- **Verwendete Garnfarben:** Nr. 20 Creme, Nr. 30 Dunkelbraun, Nr. 60 Beige, Krapp.

Teil 1: Kopf und Körper (siehe Schema).
Teil 2 und 3: Arme, 22 M × 10 R Nr. 60 Beige; 22 M × 10 R Nr. 20 Creme.
Teil 4: Fingerling, 18 M × 32 R Nr. 20 Creme.

- **Beachten:** Teile nicht abketten, stets den Faden durch die offenen Maschen ziehen.
- **Fertigen** Sie den Puppenrohling.
- **Sticken Sie das Gesicht in den Farben:** Augenrand und Brauen: Nr. 30 Dunkelbraun; Iris: Nr. 90 Schwarzbraun; Mund und Bäckchen: Krapp.

Teil 5: Nase, 11 M × 16 R Nr. 20 Creme.
Ziehen Sie die offenen Maschen mit dem Faden fest zusammen, schließen Sie die Seitennaht, stopfen Sie die Nase aus und nähen sie fest an der richtigen Stelle des Kopfes an.

Teil 6 und 7: Ohren, 2 Kordeln, Nr. 20 Creme.
Arbeiten Sie 2 je 5 cm lange Kordeln mit der Strickliesel. Nähen Sie die Kordeln seitlich am Kopf fest.

- Häkeln Sie den Pony in Nr. 60 Beige.

Teil 8: Mütze, Krapp.

Kasperlemütze
Stricken Sie die Mütze in einem Teil quer mit verkürzten Reihen. Beginnen Sie mit 45 Maschen. Stricken Sie 2 Reihen im Grundmuster. Dann bringen Sie in jeder 2. Reihe jeweils 2 Maschen mehr in Wartestellung. Die Reihen werden also immer kürzer. Nach 28 Reihen arbeiten Sie die 29. und 30. Reihe über alle 45 Maschen.
Wiederholen Sie den Vorgang noch zweimal. Nach insgesamt 90 Reihen abketten und zusammennähen. Befestigen Sie das Glöckchen kindersicher an der Mütze. Stecken Sie die fertige Mütze auf dem Kopf fest; nun können Sie die Mütze festnähen.

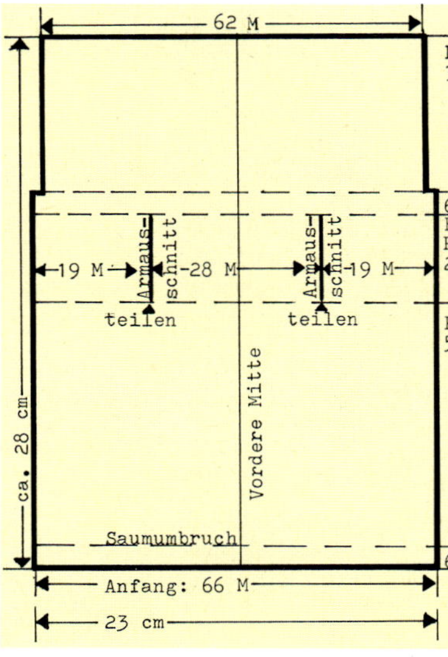

	Kasper	Till Eulenspiegel
Kopf 36 R	36R Nr.2o Creme	36R Nr.2o Creme
6 R	6R Nr.3o D.-braun	6R Nr.3o D.-braun
Brust/Rücken 20 R	2oR Nr.3o D.-braun	2oR Nr.6o Beige
Rock 56 R	4oR im Wechsel je 4R Nr.3o D.-braun/ 4R Nr.6o Beige 16R Nr.3o D.-braun	4R Nr.3o D.-braun 6R Nr.6o Beige 4R Nr.3o D.-braun 6R Nr.6o Beige 1oR Nr.3o D.-braun 1oR Nr.6o Beige 1oR Nr.3o D.-braun
6 R	6R Nr.3o D.-braun	6R Nr.3o D.-braun

Till Eulenspiegel

- **Verwendete Garnfarben:** Nr. 20 Creme, Nr. 30 Dunkelbraun, Nr. 60 Beige, Krapp, Nr. 90 Schwarzbraun.

Teil 1: Kopf und Körper (siehe Schema).
Teil 2 und 3: Arme, 22 M × 10 R Nr. 30 Dunkelbraun, 22 M × 10 R Nr. 20 Creme.
Teil 4: Fingerling, 18 M × 32 R Nr. 20 Creme.

- **Beachten:** Teile nicht abketten, stets den Faden durch die offenen Maschen ziehen.
- **Fertigen** Sie den Puppenrohling.
- **Sticken Sie das Gesicht in den Farben:** Augenrand und Brauen: Nr. 90 Schwarzbraun, Iris: Nr. 35 Schwarz; Mund und Bäckchen: Krapp.

Teil 5: Nase, 11 M × 8 R Nr. 20 Creme.
Ziehen Sie die offenen Maschen mit dem Faden fest zusammen, schließen Sie die Seitennaht, stopfen Sie die Nase aus und nähen sie fest.

- Häkeln Sie die Ponylocken in Nr. 90 Schwarzbraun.

Teil 8: Mütze, Krapp.

Mütze für Till Eulenspiegel
Die Mütze besteht aus 5 Einzelteilen in Krapp. Stricken Sie zunächst 64 M × 32 R. Nehmen Sie dann jeweils 32 M auf eine Nadel, legen Sie das Teil doppelt und schließen die Maschen im Maschenstich. Stecken Sie das Teil auf den Kopf. Der Maschenanschlag wird in der Stirn angesetzt. Bevor Sie das Teil festnähen: etwas Stopfwolle unterlegen und an den vorderen Mützenecken je eine 12 cm lange Kordel festnähen. Nun schieben Sie den Mützenzipfel, der sich am Hinterkopf bildet, nach innen und nähen die Ecke zu. Die beiden Glockenbänder: arbeiten Sie zunächst 3 cm Kordel. Nehmen Sie die Maschen auf eine Nadel. Stricken Sie weiter im Grundmuster, dabei nehmen Sie am Anfang jeder 3. Reihe 1 Masche zu, bis Sie 20 Maschen auf der Nadel haben. Nun ketten Sie das Teil ab, schließen die Seitennaht, stecken das Teil auf dem Hinterkopf fest und nähen es fest. Arbeiten Sie das zweite Glockenband ebenso. Zum Schluß: Glöckchen kindersicher annähen.

Kleine Hexe

- **Verwendete Garnfarben:** Nr. 20 Creme, Nr. 60 Beige, Nr. 30 Dunkelbraun, Nr. 85 Graubraun, Krapp.

Teil 1: Kopf und Körper (siehe Schema S. 28).
Teil 2 und 3: Arme, 22 M × 10 R Nr. 30 Dunkelbraun, 22 M × 10 R Nr. 20 Creme.
Teil 4: Fingerling, 18 M × 32 R Nr. 20 Creme.

- **Beachten:** Teile nicht abketten, stets den Faden durch die offenen Maschen ziehen.
- **Fertigen** Sie den Puppenrohling.
- **Sticken Sie das Gesicht in den Farben:** Augenrand, Wimpern und Brauen: Nr. 30 Dunkelbraun; Iris und Zahn: Nr. 90 Schwarzbraun; Mund: Krapp.

Teil 5: Nase, 12 M × 20 R Nr. 20 Creme.
Ziehen Sie die offenen Maschen mit dem Faden fest zusammen, schließen Sie die Seitennaht, stopfen Sie die Nase aus und nähen sie fest.
Teil 6 und 7: Flicken, 15 M × 20 R Nr. 85 Graubraun; 15 M × 25 R Nr. 30 Dunkelbraun.
Die beiden Teile abketten und aufnähen (siehe Abbildung rechts).
Kordelfrisur: Insgesamt 150 cm Kordel in Krapp. Arbeiten Sie Kordeln in unterschiedlicher Länge und nähen sie im Nacken und auf der Stirn fest. Je mehr Kordeln es sind, um so besser; die Frisur soll struppig wirken.
Teil 8: Hexenmütze, Nr. 60 Beige.

Muhme Rumpumpel *(Seite 27)*

- **Verwendete Garnfarben:** Nr. 63 Graubeige, Nr. 43 Dunkelgrau, Nr. 85 Graubraun, Nr. 60 Beige, Nr. 40 Hellgrau.

Teil 1: Kopf und Körper (siehe Schema).
Teil 2 und 3: Arme, 22 M × 10 R Nr. 43 Dunkelgrau, 22 M × 10 R Nr. 63 Graubeige.
Teil 4: Fingerling, 18 M × 32 R Nr. 63 Graubeige.

- **Beachten:** Teile nicht abketten, stets den Faden durch die offenen Maschen ziehen.
- **Fertigen** Sie den Puppenrohling.
- **Sticken Sie das Gesicht in den Farben:** Augenrand, Brauen und Zahn: Nr. 90 Schwarzbraun; Iris: Nr. 35 Schwarz; Augenweiß Nr. 20 Creme; Mund: Krapp.

Teil 5: Nase, 12 M × 20 R Nr. 63 Graubeige. Ziehen Sie die offenen Maschen mit dem Faden fest zusammen, schließen Sie die Seitennaht, stopfen Sie die Nase aus und nähen sie fest.
Teil 6 und 7: Flicken, 15 M × 20 R Nr. 85 Graubraun, 15 M × 25 R Nr. 60 Beige. Die beiden Teile abketten und aufnähen.
Kordelfrisur: Insgesamt 100 cm Kordel in Nr. 40 Hellgrau. Befestigen Sie im Nacken der Puppe 3 Kordeln zu je 20 cm Länge. Flechten Sie die Kordeln zu einem Zopf. Auf der Stirn befestigen Sie dann mehrere kurze Kordeln dicht nebeneinander.
Teil 8: Hexenmütze, Nr. 43 Dunkelgrau.

Hexenmütze
Beginnen Sie mit einer 3 cm langen Kordel. Nehmen Sie die Maschen auf eine Stricknadel. Stricken Sie im Grundmuster weiter. Nehmen Sie am Anfang jeder Reihe eine Masche zu, bis Sie 70 Maschen auf der Nadel haben. Ketten Sie das Teil ab. Befestigen Sie am Anfang und am Ende der letzten Reihe je eine 20 cm lange Kordel. Schließen Sie die Seitennaht bis auf 7 cm. Stopfen Sie die Mütze gut aus. Stecken Sie das Teil auf dem Puppenkopf fest. Nähen Sie die Mütze um das Gesicht herum fest. Bevor Sie die Mütze auch im Nacken festnähen, stopfen Sie eventuell noch etwas Wolle nach. Verdecken Sie jeweils den Kordelansatz.

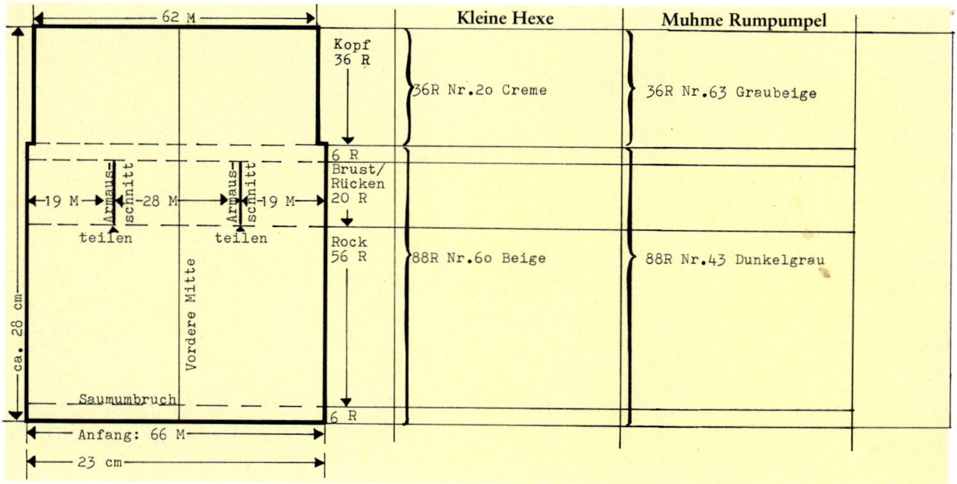

Oma und Opa

Zwei Puppen, die bei Kindern und Erwachsenen gleichermaßen beliebt sind. Strickanleitung auf den Seiten 16 und 43.

Böse Hexe

- **Verwendete Garnfarben:** Nr. 63 Graubeige, Nr. 90 Schwarzbraun, Nr. 35 Schwarz, Nr. 43 Dunkelgrau.

Teil 1: Kopf und Körper (siehe Schema).
Teil 2 und 3: Arme, 22 M × 10 R Nr. 90 Schwarzbraun, 22 M 10 R Nr. 63 Graubeige.
Teil 4: Fingerling, 18 M × 32 R Nr. 63 Graubeige.

- **Beachten:** Teile nicht abketten, stets den Faden durch die offenen Maschen ziehen.
- **Fertigen** Sie den Puppenrohling.
- Sticken Sie das Gesicht in den Farben: Augenrand: Nr. 90 Schwarzbraun; Iris: Krapp; Augenweiß: Nr. 20 Creme; Falten: Nr. 85 Graubraun; Mund: Krapp; Augenbrauen: Kordel in Nr. 35 Schwarz.

Teil 5: Nase, Nr. 63 Graubeige.
Teil 6: Kinn, 14 M × 14 R Nr. 63 Graubeige.
Teil 7: Perücke, 40 M × 28 Nr. 43 Dunkelgrau.

Arbeiten Sie die Teile 5, 6 und 7 wie bei der Urgroßmutter beschrieben. Nehmen Sie bei der Perücke die linke Seite nach außen.

- Arbeiten Sie die Stirnlocken.

Teil 8: Schürze, 50 M × 46 R Nr. 43 Dunkelgrau.

Beginnen Sie mit 50 Maschen. Stricken Sie 6 Reihen gerade hoch. Die 7. Reihe stricken Sie mit Nadel Nr. 5 (5,5). Nach weiteren 40 Reihen ketten Sie das Teil ab und nähen es fest. Nähen Sie den Saum fest.

Teil 9: Warze, 6 M × 6 R Nr. 63 Graubeige. Faden ringsherum durchziehen, zusammenziehen und festnähen.

Urgroßmutter

- **Verwendete Garnfarben:** Nr. 20 Creme, Nr. 30 Dunkelbraun, Nr. 90 Schwarzbraun, Nr. 43 Dunkelgrau, Nr. 85 Graubraun, Nr. 40 Hellgrau.

Teil 1: Kopf und Körper.
Teil 2 und 3: Arme, 22 M × 10 R Nr. 90 Schwarzbraun, 22 M × 10 R Nr. 20 Creme.
Teil 4: Fingerling, 18 M × 32 R Nr. 20 Creme.

- **Beachten:** Teile nicht abketten, stets den Faden durch die offenen Maschen ziehen.
- **Fertigen** Sie den Puppenrohling.
- **Sticken Sie das Gesicht in den Farben:** Augenrand: Nr. 30 Dunkelbraun; Iris: Nr. 90 Schwarzbraun; Falten Nr. 63 Graubeige; Brauen: Nr. 43 Dunkelgrau; Mund und Bäckchen: Krapp.

Teil 5: Nase, Nr. 20 Creme. Beginnen Sie mit 4 Maschen. Nehmen Sie am Anfang jeder Reihe 1 Masche zu, bis Sie 14 Maschen auf der Nadel haben. Nach weiteren 8 Reihen in der selben Maschenzahl, Faden durch die offenen Maschen ziehen, zusammennähen, ausstopfen, festnähen.
Teil 6: Kinn, 14 M × 14 R Nr. 20 Creme.
Ziehen Sie die offenen Maschen mit dem Faden fest zusammen, schließen Sie die Seitennaht, stopfen Sie das Teil aus und nähen es fest.
Teil 7: Perücke, 40 M × 28 R Nr. 40 Hellgrau.
Nähen Sie das Teil gerade auf dem Kopf fest. Legen Sie nur wenig Stopfwolle unter. Befestigen Sie eine 15 cm lange Kordel schnekkenförmig im Nacken.

- Arbeiten Sie die Stirnlocken.

Teil 8: Schürze, 50 M × 46 R Nr. 30 Dunkelbraun.
Teil 9: Warze, 6 M × 6 R Nr. 20 Creme.
Arbeiten Sie die Teile 8 und 9 wie bei der bösen Hexe beschrieben.

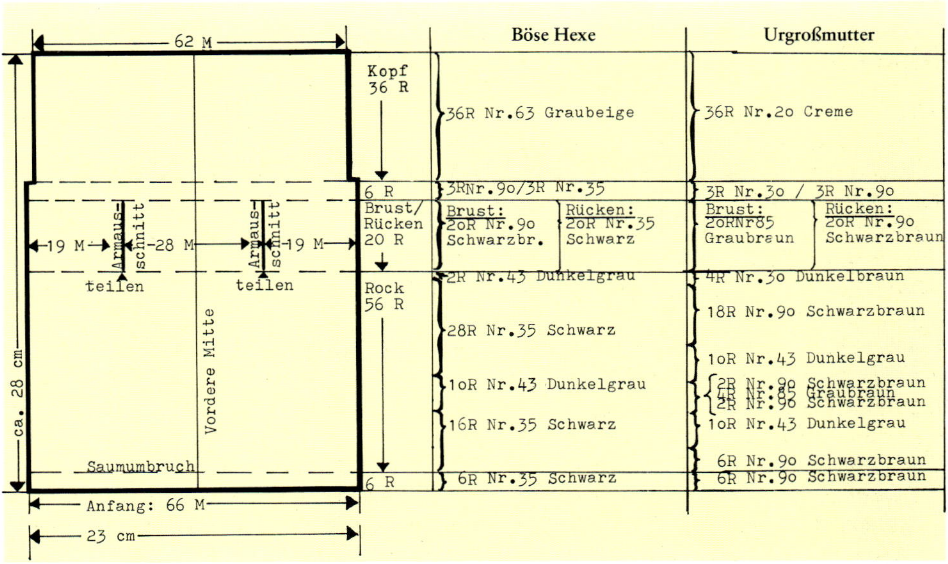

König

- **Verwendete Garnfarben:** Nr. 20 Creme, Krapp, Nr. 85 Graubraun, Nr. 40 Hellgrau, Nr. 63 Graubeige.

Teil 1: Kopf und Körper (siehe Schema).
Teil 2 und 3: Arme, 22 M × 10 R Krapp, 22 M × 10 R Nr. 20 Creme.
Teil 4: Fingerling, 18 M × 32 R Nr. 20 Creme.

- **Beachten:** Teile nicht abketten, stets den Faden durch die offenen Maschen ziehen.
- **Fertigen** Sie den Puppenrohling.
- **Sticken Sie das Gesicht in den Farben:** Augenrand und Brauen: Nr. 30 Dunkelbraun; Iris: Nr. 85 Graubraun; Lidschatten: Nr. 60 Beige; Bäckchen: Krapp.

Teil 5: Nase, 14 M × 6 R Nr. 20 Creme.
Ziehen Sie die offenen Maschen mit dem Faden fest zusammen, schließen Sie die Seitennaht, stopfen Sie die Nase aus und nähen sie fest.
Teil 6: Perücke, 60 M × 18 R Nr. 63 Graubeige.
Ziehen Sie die offenen Maschen mit dem Faden fest zusammen, schließen Sie die Seitennaht. Stecken Sie das Teil auf dem Hinterkopf der Puppe fest, legen Sie dabei etwas Stopfwolle unter. Nähen Sie die Perücke ringsherum fest.

- Arbeiten Sie einen Lockenkranz um die Perücke.
- Häkeln Sie den Bart in 2 Reihen.

Teil 7: Krone, 40 M × 15 R Nr. 60 Beige.

Krone
Beginnen Sie mit der Krone in der jeweils angegebenen Maschenzahl. Stricken Sie zunächst 7 Reihen gerade hoch. Die 8. Reihe arbeiten Sie im Lochmuster: jeweils 2 Maschen zusammenstricken, dann den Faden einmal umschlagen. Nach weiteren 7 Reihen im Grundmuster ketten Sie das Teil ab. Schließen Sie die Seitennaht. Legen Sie das Teil doppelt: die Lochmusterreihe bildet die Zacken an der Krone. Nähen Sie das Teil so doppelt zusammen. Stecken Sie es auf dem Kopf fest. Nun nähen Sie die fertige Krone sorgfältig auf der Perücke fest.

Prinz

- **Verwendete Garnfarben:** Nr. 20 Creme, Krapp, Nr. 60 Beige, Nr. 85 Graubraun.

Teil 1: Kopf und Körper (siehe Schema).

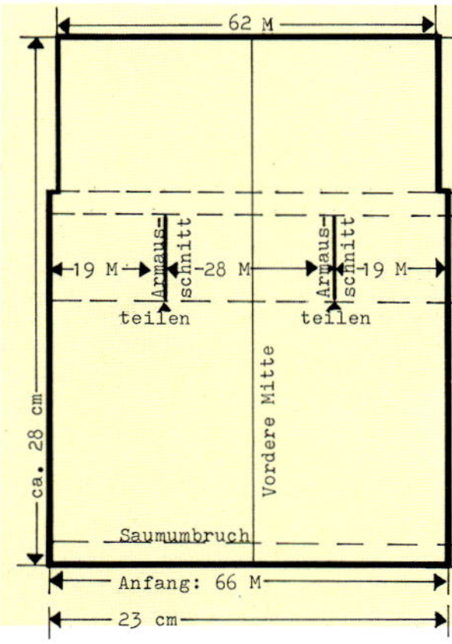

	König	Prinz
Kopf 36 R	36R Nr.20 Creme	36R Nr. 20 Creme
6 R	6R Krapp	6R Krapp
Brust/Rücken 20 R	20R Nr.85 Gr.-braun	20R Nr. 60 Beige
Rock 56 R	44R Nr.85 Gr.-braun	44R Nr. 60 Beige
	6R Nr.40 H.-grau	6R Krapp
6 R	6R Krapp	6R Nr.85 Gr.-braun

Teil 2 und 3: Arme, 22 M × 10 R Nr. 60 Beige, 22 M × 10 R Nr. 20 Creme.

Teil 4: Fingerling, 18 M × 32 R Nr. 20 Creme.

- **Beachten:** Teile nicht abketten, stets den Faden durch die offenen Maschen ziehen.
- **Fertigen** Sie den Puppenrohling.
- **Sticken Sie das Gesicht in den Farben:** Augenrand und Brauen: Nr. 85 Graubraun; Iris: Nr. 90 Schwarzbraun; Mund und Bäckchen: Krapp.

Teil 5: Nase, 10 M × 6 R Nr. 20 Creme.

Ziehen Sie die offenen Maschen mit dem Faden fest zusammen, schließen Sie die Seitennaht, stopfen Sie die Nase aus und nähen sie fest.

Teil 6: Perücke, 70 M × 36 R Nr. 85 Graubraun.

Ziehen Sie mit dem Faden die offenen Maschen bis auf 4 cm zusammen. Legen Sie das Teil doppelt und nähen die offenen Maschen zusammen (= Scheitel 2 cm). Stecken Sie die Perücke auf dem Kopf fest. Legen Sie dabei genügend Wolle unter die Perücke. Nähen Sie das Teil fest. Beginnen Sie am Scheitel.

- Arbeiten Sie die Ponylocken.

Teil 7: Krone, 54 M × 15 R Nr. 60 Beige.

Schneekönigin

- **Verwendete Garnfarben:** Nr. 20 Creme, Nr. 40 Hellgrau; einen Rest Lurexgarn.

Teil 1: Kopf und Körper (siehe Schema).
Teil 2 und 3: Arme, 22 M × 20 R Nr. 20 Creme.
Teil 4: Fingerling, 18 M × 32 R Nr. 20 Creme.

- **Beachten:** Teile nicht abketten, stets den Faden durch die offenen Maschen ziehen.
- **Fertigen** Sie den Puppenrohling.
- **Sticken Sie das Gesicht** nach Abschnüren der Kontur in den Farben: Augenrand, Brauen und Mundumrandung: Nr. 85 Graubraun; Iris: Nr. 43 Dunkelgrau; Lippen: Nr. 60 Beige; Lidstrich und Bäckchen: Lurexgarn in Silber.

Teil 5: Nase, 6 M × 6 R Nr. 20 Creme.
Faden ringsherum durchziehen, zusammenziehen und festnähen.
Teil 6: Perücke, 70 M × 34 R Nr. 20 Creme.
Arbeiten Sie die Perücke wie bei der Prinzessin beschrieben. Nehmen Sie die linke Seite des Gestrickes nach außen.

- Häkeln Sie eine asymmetrische Lockenreihe im Nacken und am Gesicht.

Teil 7: Krone, Lurexgarn.
Teil 8: Umhang, 50 M × 56 R, Krapp.

Krone für die Schneekönigin
Beginnen Sie mit 50 Maschen. Stricken Sie 5 Reihen gerade hoch. Arbeiten Sie dann in verkürzten Reihen weiter, indem Sie bei den folgenden beiden Reihen je 15 Maschen und in den nächsten 8 Reihen je 3 Maschen in Wartestellung bringen (= 15 Reihen Gesamtlänge). Danach fassen Sie bei jeder weiteren Reihe die entsprechenden Maschen wieder auf. Also: bei den folgenden 8 Reihen je 3 Maschen, dann in den nächsten beiden Reihen je 15 Maschen. Arbeiten Sie noch 5 Reihen gerade hoch, ketten Sie das Teil ab, nähen Sie es doppelt zusammen, schließen Sie die Seitennaht, stecken Sie die fertige Krone erst fest und nähen sie auf der Perücke fest.

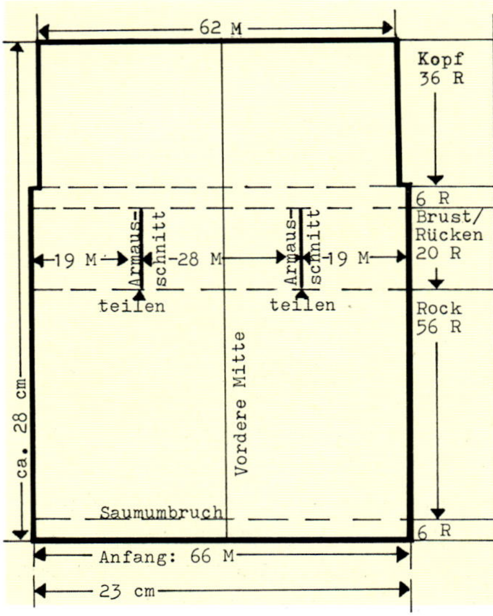

Schneekönigin	Prinzessin
36R Nr.2o Creme	36R Nr.2o Creme
6R Nr.4o Hellgrau	6R Krapp
2oR Nr.4o Hellgrau	2oR Nr.2o Creme
56R Nr.4o Hellgrau	46R Nr.2o Creme 4R Krapp 6R Nr.6o Beige
6R Nr.4o Hellgrau	6R Nr.6o Beige

Prinzessin

- **Verwendete Garnfarben:** Nr. 20 Creme, Nr. 60 Beige, Krapp.

Teil 1: Kopf und Körper (siehe Schema).

Teil 2 und 3: Arme, 22 M × 10 R Nr. 60 Beige, 22 M × 10 R Nr. 20 Creme.

Teil 4: Fingerling, 18 M × 32 R Nr. 20 Creme.

- **Beachten:** Teile nicht abketten, stets den Faden durch die offenen Maschen ziehen.
- **Fertigen** Sie den Puppenrohling.

- **Sticken Sie das Gesicht** nach Abschnüren der Kontur in den Farben: Augenrand, Brauen und Iris: Nr. 30 Dunkelbraun; Mund und Bäckchen: Krapp.

Teil 5: Nase, 6 M × 6 R Nr. 20 Creme.
Faden ringsherum durchziehen, zusammenziehen und festnähen.

Teil 6: Perücke, 70 M × 34 R Nr. 60 Beige.
Ziehen Sie mit dem Faden die offenen Maschen bis auf 4 cm zusammen. Legen Sie das Teil doppelt und nähen die offenen Maschen zusammen (= Scheitel 2 cm). Stecken Sie die Perücke auf dem Kopf fest. Legen Sie dabei genügend Wolle unter die Perücke. Nähen Sie das Teil fest. Beginnen Sie am Scheitel.

- Arbeiten Sie im Nacken 2 und am Gesicht eine Lockenreihe.
- Nähen Sie aus 35 cm Kordel eine Krone.

Teil 7: Umhang, 50 M × 56 R Nr. 20 Creme.

Umhang für Prinzessin und Königin
(oder König)
Arbeiten Sie das Teil mit Nadel Nr. 5 (5,5). Stricken Sie das Teil in der angegebenen Maschen- und Reihenzahl in der angegebenen Farbe.

Nach 56 Reihen ketten Sie das Teil ab, und zwar immer 3 Maschen zusammen. Säumen Sie den Umhang. An das obere Ende nähen Sie eine 60 cm lange Kordel

Schneewittchen

- **Verwendete Garnfarben:** N
Nr. 35 Schwarz, Krapp.

Teil 1: Kopf und Körper.
Teil 2 und 3: Arme, 22 M × 10 R Nr. 35 Schwarz, 22 M × 10 R Nr. 20 Creme.

- **Beachten:** Teile nicht abketten, stets den Faden durch die offenen Maschen ziehen.
- **Fertigen** Sie den Puppenrohling.
- **Sticken Sie das Gesicht** nach Abschnüren der Kontur in den Farben: Iris, Brauen und Augenrand: Nr. 35 Schwarz; Mund und Bäckchen: Krapp.

Teil 5: Nase, 6 M × 6 R Nr. 20 Creme.
Faden ringsherum durchziehen, zusammenziehen und festnähen.

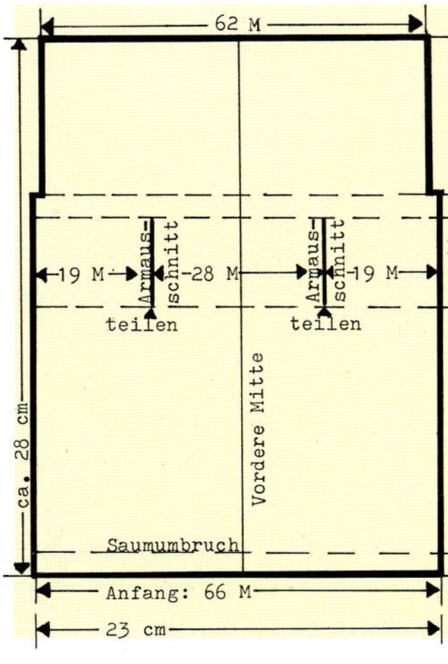

	Schneewittchen	Aschenputtel
Kopf 36 R	36R Nr. 2o Creme	36R Nr.2o Creme
6 R	6R Nr. 35 Schwarz	6R Nr. 3o D.-braun
Brust/ Rücken 20 R	Brust: 4R Krapp, 16R Nr. 2o Creme; Rücken: 2oR Krapp	Brust: 2oR Nr.6o Beige; Rücken: 2oR Nr. 3o D.-braun
Rock 56 R	18R Nr. 35 Schwarz 18R Krapp 2oR Nr. 35 Schwarz	36R im Wechsel je 2R Nr. 3o D.-braun und Nr. 6o Beige 2oR Nr.3o D.-braun
6 R	6R Nr. 35 Schwarz	6R Nr. 3o D.-braun

Teil 6: 12 Kordeln (Strickliesel) zu je 15 cm, Nr. 35 Schwarz. Die Kordeln in Höhe der 12. Reihe im Nacken feststecken, dann annähen. Der Ansatz wird von der Perücke gut 1 cm verdeckt.

Teil 7: Perücke, 64 M × 34 R Nr. 35 Schwarz. Ziehen Sie mit dem Faden die offenen Maschen bis auf 4 cm zusammen. Legen Sie das Teil doppelt zusammen. Nähen Sie die offenen Maschen zu (= Scheitel 2 cm). Stecken Sie die Perücke nun auf dem Kopf fest. Legen Sie dabei genügend Wolle unter die Perücke. Nähen Sie das Teil fest, beginnen Sie am Scheitel.

Aschenputtel

- **Verwendete Garnfarbe:** Nr. 20 Creme, Nr. 30 Dunkelbraun, Nr. 60 Beige.

Teil 1: Kopf und Körper (siehe Schema).
Teil 2 und 3: Arme, 22 M × 10 R Nr. 30 Dunkelbraun, 22 M × 10 R Nr. 20 Creme.
Teil 4: Fingerling, 18 M × 32 R Nr. 20 Creme.

- **Beachten:** Teile nicht abketten, stets den Faden durch die offenen Maschen ziehen.
- **Fertigen** Sie den Puppenrohling.

- **Sticken Sie das Gesicht** nach Abschnüren der Kontur in den Farben: Iris, Augenrand und Brauen: Nr. 30 Dunkelbraun; Mund und Bäckchen: Krapp.

Teil 5: Nase, 6 M × 6 R Nr. 20 Creme.
Faden ringsherum durchziehen, zusammenziehen und festnähen.
Teil 6: 6 Kordeln zu je 15 cm Länge, Nr. 60 Beige. Die Kordeln im Nacken dicht nebeneinander feststecken und annähen. Ansatzpunkt: 12. Reihe.
Teil 7: Haare, 64 M × 34 R Nr. 60 Beige.
Stricken, nähen und befestigen Sie das Teil wie bei Schneewittchen beschrieben.

- Häkeln Sie die Ponylocken.

Teil 8: Schürze, 50 M × 46 R Nr. 60 und Nr. 20.
Beginnen Sie mit 50 Maschen. Stricken Sie 6 Reihen in Nr. 60 Beige. Die 7. Reihe stricken Sie mit Nadel Nr. 5 (5,5). Nach 6 weiteren Reihen in Beige arbeiten Sie je 2 Reihen in Nr. 20 Creme und 2 Reihen in Nr. 60 Beige; bis 46 Reihen. Abketten und annähen.

Rote Lockenpuppe

- **Verwendete Garnfarben:** Nr. 20 Creme, Nr. 60 Beige, Nr. 30 Dunkelbraun, Nr. 80 Hellbraun, 50 g Krapp.

Teil 1: Kopf und Körper.
Teil 2 und 3: Arme, 22 M × 10 R Nr. 60 Beige, 22 M × 10 Nr. 20 Creme.
Teil 4: Fingerling, 18 M × 32 R Nr. 20 Creme.

- **Beachten:** Teile nicht abketten, stets den Faden durch die offenen Maschen ziehen.
- **Fertigen** Sie den Puppenrohling.
- **Sticken Sie das Gesicht** nach Abschnüren der Kontur in den Farben: Augenrand und Brauen: Nr. 30 Dunkelbraun; Iris: Nr. 90 Schwarzbraun; Mund und Bäckchen: Krapp; Sommersprossen: Nr. 60 Beige.

Teil 5: Nase, 6 M × 6 R Nr. 20 Creme.
Faden ringsherum durchziehen, zusammenziehen und festnähen.

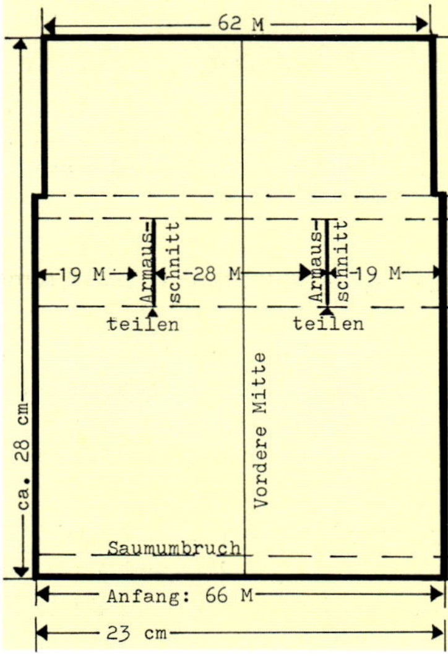

	Rote Lockenpuppe	Negerpuppe
Kopf 36 R	36R Nr.2o Creme	36R Nr.8o H.-braun
6 R	6R Nr.6o Beige	je 3R Nr.2o Creme/Krapp
Brust/ Rücken 20 R	2oR Nr.6o Beige	Brust: 8R Nr.2o 4R Krapp 8R Nr.2o Rücken: 2oR Nr.85 Gr.-braun
Rock 56 R	14R Nr.6o Beige 6R Nr.3o D.-braun 6R Nr.8o H.-braun 6R Nr.6o Beige 6R Krapp 6R Nr.8o H.-braun 6R Nr.6o Beige 6R Krapp	18R; je 2R im Wechsel Nr.85 Gr.-braun/ Nr.6o Beige und Nr.2o Creme 12R Nr.6o Beige 18R; je 2R im Wechsel Krapp/ Nr.9o Schwarzbr. und Nr.6o Beige 8R Nr.9o Schwarzbr.
6 R	6R Krapp	6R Nr.9o Schwarzbr.

● Häkeln Sie die Lockenperücke im Schlingenmuster. Beenden Sie das Teil nach 18 Runden mit 65 Maschen. Die fertige Perücke zunächst feststecken, dann festnähen.

Diese Puppe läßt sich auch gut als Oma gestalten. Arbeiten Sie die Haare in Nr. 40 Hellgrau. Verwenden Sie Grau und Schwarztöne. Lassen Sie die Sommersprossen weg und sticken dafür eine Brille und Falten.

Negerpuppe

● **Verwendete Garnfarben:** Nr. 80 Hellbraun, Nr. 20 Creme, Krapp, Nr. 85 Graubraun, Nr. 60 Beige, Nr. 90 Schwarzbraun, 50 g Nr. 35 Schwarz.

Teil 1: Kopf und Körper (siehe Schema).
Teil 2 und 3: Arme, 22 M × 10 R Nr. 90 Schwarzbraun, 22 M × 10 R Nr. 80 Hellbraun.

Teil 4: Fingerling, 18 M × 32 R Nr. 80 Hellbraun.

- Beachten: Teile nicht abketten, stets den Faden durch die offenen Maschen ziehen.
- **Fertigen** Sie den Puppenrohling.
- **Sticken Sie das Gesicht in den Farben:** Augenrand, Augenbraue und Iris: Nr. 35 Schwarz; Augenweiß: Nr. 20 Creme, Bäckchen und Mund: Krapp.

Teil 5: Nase, 6 M × 6 R Nr. 80, Hellbraun.
Faden ringsherum durchziehen, zusammenziehen und festnähen.

- Häkeln Sie die Lockenperücke im Schlingenmuster. Beenden Sie das Teil nach 18 Runden mit 65 Maschen. Die Perücke zunächst feststecken, dann festnähen.
- Die Negerpuppe auf dem Bild ist mit dunkler Krempelwolle gestopft! Sie können aber auch helle Krempelwolle verwenden.
- Wenn Ihnen bei dieser Puppe der Mund zu schmal ist, sticken Sie ihn im Kettenstich.

Mädel mit Zöpfen

- **Verwendete Garnfarben:** Nr. 20 Creme, Nr. 80 Hellbraun, Nr. 60 Beige, Krapp.

Teil 1: Kopf und Körper (siehe Schema).
Teil 2 und 3: Arme, 22 M × 10 R Nr. 80 Hellbraun, 22 M × 10 R Nr. 20 Creme.
Teil 4: Fingerling, 18 M × 32 R Nr. 20 Creme.

- **Beachten:** Teile nicht abketten, stets den Faden durch die offenen Maschen ziehen.
- **Fertigen** Sie den Puppenrohling.

- **Sticken Sie das Gesicht** nach Abschnüren der Kontur in den Farben: Augenrand: Nr. 30 Dunkelbraun; Brauen: Krapp; Iris Nr. 90 Schwarzbraun; Sommersprossen: Nr. 60 Beige; Mund und Bäckchen: Krapp.

Teil 5: Nase, 6 M × 6 R Nr. 20 Creme.
Faden ringsherum durchziehen, zusammenziehen und festnähen.

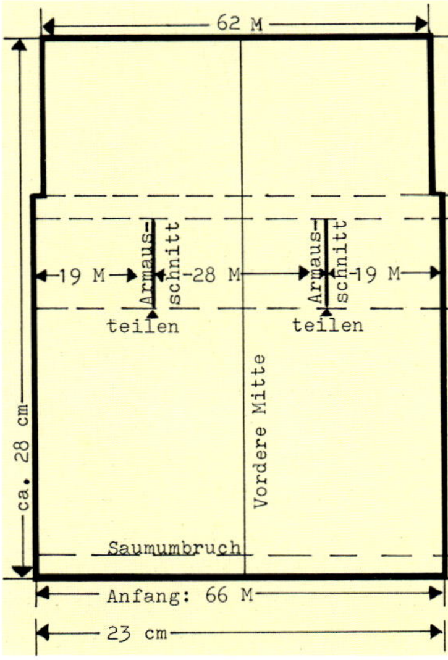

	Mädel mit Zöpfen		Mädel mit Rattenschwänzen	
Kopf 36 R	36R Nr. 20 Creme		36R Nr. 20 Creme	
6 R	6R Nr. 80 Hellbraun		6R Nr. 60 Beige	
Brust/Rücken 20 R	Brust: 20R Nr. 60 Beige	Rücken: im Wechsel je 4R Nr. 60 u. 4R Nr. 80	Brust: 20R Nr. 80 Hellbraun	Rücken: 20R Nr. 60 Beige
Rock 56 R	6R Nr. 60 Beige 4R Krapp 6R Nr. 60 Beige 4R Nr. 80 Hellbraun 6R Nr. 60 Beige 4R Nr. 80 Hellbraun 6R Nr. 60 Beige 4R Nr. 80 Hellbraun 8R Nr. 60 Beige 8R Nr. 80 Hellbraun		4R Nr. 60 Beige 4R Nr. 90 Schwarzbraun 4R Nr. 60 Beige 4R Nr. 90 Schwarzbraun 6R Nr. 60 Beige 26R Nr. 80 Hellbraun 8R Nr. 90 Schwarzbraun	
6 R	6R Nr. 80 Hellbraun		6R Nr. 90 Schwarzbraun	

Teil 6: Perücke, 36 M × 60 R Krapp.
Zöpfe: 6 Kordeln zu je 13 cm Länge in Krapp.
Nähen Sie jeweils 3 Kordeln nebeneinander seitlich am Kopf fest. Stecken Sie das Perükkenteil quer über dem Kopf fest, so daß Anfang bzw. Ende des Teiles den jeweiligen Zopfansatz verdecken. Legen Sie ausreichend Stopfwolle unter das Teil. Steppen Sie über die Kopfmitte den Scheitel. Nun nähen Sie die Perücke ringsherum fest.

- Arbeiten Sie die Ponylocken.
- Flechten Sie die Zöpfe.

Mädel mit „Rattenschwänzen“

- **Verwendete Garnfarben:** Nr. 20 Creme, Nr. 60 Beige, Nr. 80 Hellbraun, Nr. 90 Schwarzbraun, Krapp.

Teil 1: Kopf und Körper (siehe Schema).
Teil 2 und 3: Arme, 22 M × 10 R Nr. 90 Schwarzbraun, 22 M × 10 R Nr. 20 Creme.
Teil 4: Fingerling, 18 M × 32 R Nr. 20 Creme.

- **Beachten:** Teile nicht abketten, stets den Faden durch die offenen Maschen ziehen.

- **Fertigen** Sie den Puppenrohling.
- **Sticken Sie das Gesicht** nach Abschnüren der Kontur in den Farben: Augenrand und Brauen: Nr. 60 Beige; Iris: Nr. 30 Dunkelbraun; Mund und Bäckchen: Krapp.

Teil 5: Nase, 6 M × 6 R Nr. 20 Creme.
Faden ringsherum durchziehen, zusammenziehen und festnähen.
Teil 6: Perücke, 36 M × 60 R Nr. 60 Beige.
6 Kordeln zu je 13 cm Länge in Nr. 60 Beige.
Nähen Sie jeweils 3 Kordeln nebeneinander seitlich am Kopf fest. Stecken Sie das Perückenteil quer über dem Kopf fest, so daß Anfang bzw. Ende des Teiles den jeweiligen Kordelansatz verdecken. Legen Sie ausreichend Stopfwolle unter das Teil. Steppen Sie über die Kopfmitte den Scheitel. Nun nähen Sie die Perücke ringsherum fest.

- Arbeiten Sie die Ponylocken.
- Fertigen Sie 2 je 30 cm lange Kordeln für die Schleifen in Krapp.

Mutter mit Haarnetz

- **Verwendete Garnfarben:** Nr. 20 Creme, Nr. 30 Dunkelbraun, Nr. 60 Beige, Nr. 85 Graubraun, Nr. 90 Schwarzbraun.

Teil 1: Kopf und Körper (siehe Schema).
Teil 2 und 3: Arme, 22 M × 10 R Nr. 85 Graubraun, 22 M × 10 R Nr. 20 Creme.
Teil 4: Fingerling, 18 M × 32 R Nr. 20 Creme.

- **Beachten:** Teile nicht abketten, stets den Faden durch die offenen Maschen ziehen.
- **Fertigen** Sie den Puppenrohling.
- **Sticken Sie das Gesicht** nach Abschnüren der Kontur in den Farben: Augenrand, Brauen und Iris: Nr. 30 Dunkelbraun; Mund und Bäckchen: Krapp.

Teil 5: Nase, 7 M × 7 R Nr. 20 Creme.
Faden ringsherum durchziehen, zusammenziehen und festnähen.
Teil 6: Perücke, 70 M × 36 R Nr. 60 Beige.

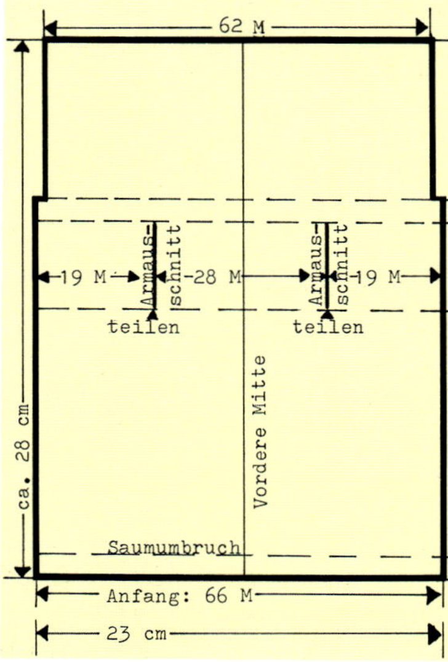

	Mutter	Oma
Kopf 36 R	36R Nr. 2o Creme	36R Nr. 2o Creme
6 R	6R Nr.3o D.-braun	6R Nr. 3o D.-braun
Brust/Rücken 20 R	2oR Nr. 3o D.-braun	Brust: 2oR Nr.43 D.-grau Rücken: 2oR Nr.35 Schwarz
Rock 56 R	6R Nr. 6o Beige 4R Nr. 3o D.-braun 6R Nr. 6o Beige 14R Nr. 3o D.-braun 6R Nr. 85 Gr.-braun 8R Nr. 9o Schwarzbraun 6R Nr. 3o D.-braun 6R Nr. 9o Schwarzbraun	24R Nr. 35 Schwarz 8R Nr. 43 D.-grau 4R Nr. 35 Schwarz 1oR Nr. 3o D.-braun 1oR Nr. 35 Schwarz
6 R	6R Nr. 9o Schwarzbraun	6R Nr. 35 Schwarz

Anleitung siehe Schneewittchen, Prinz, Prinzessin.
Teil 7: Dutt, 30 M × 16 R Nr. 60 Beige.
Ziehen Sie die offenen Maschen mit dem Faden fest zusammen, schließen Sie die Seitennaht, stopfen Sie das Teil gut aus, stecken Sie es in Nackenmitte fest und nähen es fest.

- Arbeiten Sie ein Haarnetz aus Luftmaschen in der Farbe Krapp. Nähen Sie das Netz über den Dutt.
- Arbeiten Sie die Ponylocken.

Oma mit Brille

- **Verwendete Garnfarben:** Nr. 20 Creme, Nr. 30 Dunkelbraun, Nr. 43 Dunkelgrau, Nr. 35 Schwarz, Nr. 40 Hellgrau.

Teil 1: Kopf und Körper (siehe Schema).
Teil 2 und 3: Arme 22 M × 10 R Nr. 35 Schwarz, 22 M × 10 R Nr. 20 Creme.
Teil 4: Fingerling, 18 M × 32 R Nr. 20 Creme.

- **Beachten:** Teile nicht abketten, stets den Faden durch die offenen Maschen ziehen.
- **Fertigen** Sie den Puppenrohling.
- **Sticken Sie das Gesicht** nach Abschnüren der Kontur in den Farben: Augenrand und Brauen: Nr. 85 Graubraun; Iris: Nr. 30 Dunkelbraun; Falten: Nr. 60 Beige; Brille: Nr. 43 Dunkelgrau; Mund und Bäckchen: Krapp.

Teil 5: Nase, 7 M × 7 R Nr. 20 Creme.
Faden ringsherum durchziehen, zusammenziehen und festnähen.

Teil 6: Perücke, 70 M × 36 R Nr. 40 Hellgrau.
Anleitung siehe Schneewittchen (linke Seite des Gestrickes nach außen nehmen).

Teil 7: Dutt, 24 M × 12 R Nr. 40 Hellgrau.
Ziehen Sie die offenen Maschen mit dem Faden fest zusammen, schließen Sie die Seitennaht, stopfen Sie das Teil gut aus, stecken es in der Nackenmitte fest und nähen es fest.

- Arbeiten Sie die Ponylocken in Nr. 40 Hellgrau.

Puppenporträts

Mit diesen Bildern möchte ich dazu anregen, vielleicht auch einmal ein Puppenporträt von einem lieben, bekannten Menschen zu machen. Auch als Geschenk bringt so eine Puppe immer viel Freude. Vielleicht ähnelt sogar eine der in diesem Buch abgebildeten Puppen jemandem, den Sie kennen. Oft genügen einige kleine Korrekturen an den Gesichtszügen.

Sehr gut gestalten lassen sich Bartträger.

Aber auch bestimmte, besondere Frisuren – wie bei Frau Grimm – lassen sofort erkennen, wer „es“ sein soll.

Das Puppenporträt in Wolle rechts ist gekennzeichnet durch: die verrückte Brille, die lustige Nase, das Muschelkettchen und das andere Kettchen und natürlich die strubbelige weiche Lockenpracht.

◄ Bild links: Familie Grimm mit den nach ihrem Bild gestrickten Puppen.

Zum Schluß eine Frage:

Gibt es mißratene Puppen?

Um Sie zu ermutigen, nicht aufzugeben, wenn eine Puppe nicht so geworden ist, wie Sie es sich vorgestellt haben, will ich Ihnen ein Erlebnis schildern:
Für meine erste Ausstellung im Theater der Stadt Wolfsburg unter dem Thema „Die Schneekönigin" hatte ich unter anderem die Gerda zu gestalten. Ich erfuhr, daß die Schauspielerin, die die Gerda darstellen sollte, kurze Haare trägt. Locken sind auch kurz, sagte ich mir und gestaltete Gerda als Lokkenpuppe.
Als ich dann die ersten Puppen im Theater vorstellte, lernte ich die Schauspielerin kennen. Ja, sie hatte kurze Haare! Aber ... sie trug einen Zopf als „Kranz" auf dem Kopf. So entstand eine neue Gerda, die natürlich viel typischer war.
Die Lockenpuppe war, da sie – wegen des Überrocks – nur einen langweiligen einfarbigen Rock hatte, Ausschuß!
Ich überlegte, ob ich der Puppe eine Tasche auf den Bauch nähen und, wie bei einem Känguruh, ein Baby hineinstecken sollte. Ich fragte meine Kinder um Rat. Die beiden waren skeptisch. Dann kam es: „Nein, Mama, nicht nach außen, mach' die Tasche nach innen, dann ist sie schwanger!"
Gut eine Stunde später war die erste Mutter-Kind-Puppe fertig. Sie gehört heute zu meinen beliebtesten Puppen.
Kann es also Ausschuß-Puppen geben? – Ich sage: „Nein!"
Haben Sie Mut zu neuen Puppen, die anders sind, so zum Beispiel wie die beiden Puppen auf der Rückseite, mit einem ganz anderen Gesichtsausdruck.
Sie werden sicher viel Freude daran haben.

Mutter-Kind-Puppe

Setzen Sie die Bauchtasche ein, bevor Sie Teil 1 (Kopf und Körper) zusammennähen. Hierfür stricken Sie ein Teil 30 M × 46 R in der Farbe des Rockes.
Damit Sie das Baby später leicht herausnehmen und wieder hineinstecken können, nähen Sie die Tasche nur oben und unten fest und lassen sie seitlich offen.

Das Baby besteht aus nur einem Teil: 30 M × 40 R. Hierfür verwenden Sie die Gesichtsfarbe der Mutter.
Ziehen Sie die offenen Maschen mit einem Faden fest zusammen; schließen Sie die Rükkennaht; stopfen Sie die Puppe aus; ziehen Sie den Maschenanschlag zusammen.
Schnüren Sie in der 26. Reihe einen Faden ringsherum fest zusammen (Halslinie). Deuten Sie Arme und Beine durch feste Steppnähte an. Das Gesicht sticken Sie in den gleichen Farben wie das der Mutter; zum Schluß sticken Sie die Frisur.

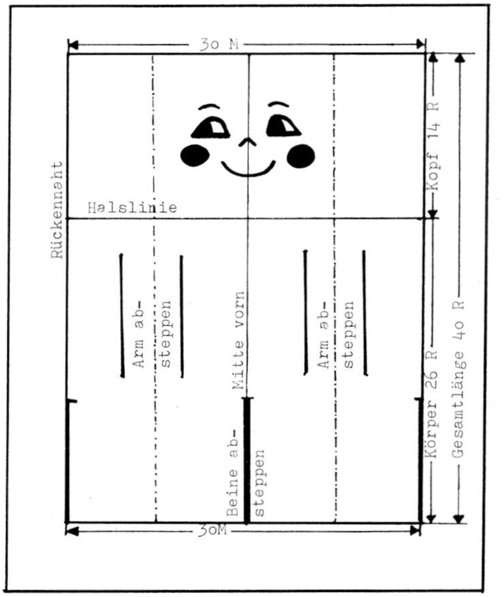

Von Christa Wittke ist ein weiteres Buch erschienen, nach dem Sie in ähnlicher Weise viele verschiedene Tiere gestalten können. Das macht so viel Spaß, daß Sie unversehens von einem ganzen Zoo umgeben sind:
TOPP Nr. 863, Christa Wittke, Tiere gestrickt als Handspielpuppen (ISBN 3-7724-0617-3)

Auflage: 9. 8. Letzte Zahlen
Jahr: 1988 sind maßgebend

ISBN 3-7724-0515-0 · © 1981 · Best.-Nr. 776

frech-verlag
GmbH + Co. Druck KG Stuttgart
Druck: Frech, Stuttgart